AV
女優ちゃん
2
峰なゆか

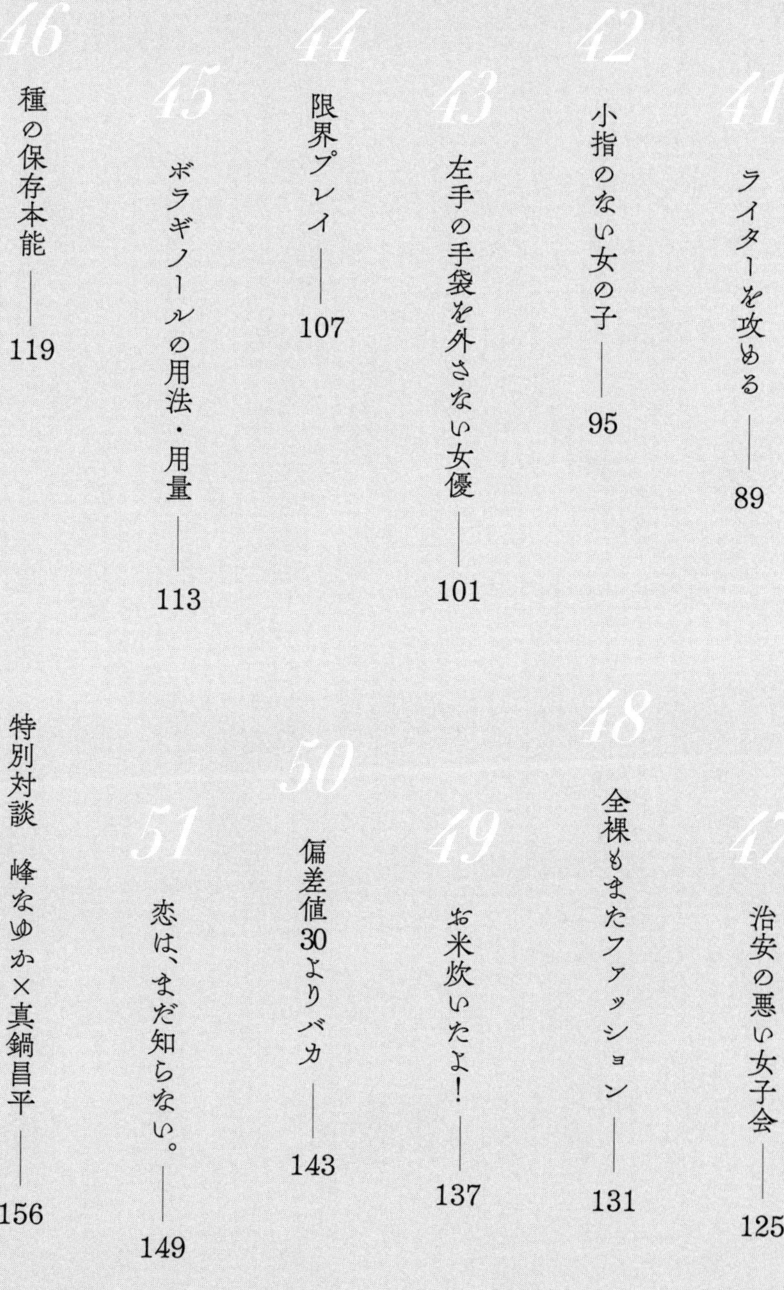

ここで素人男性をガチナンパ……？
STARBUCKS COFFEE
TSUTAYA
そこは通勤中のサラリーマンが行き交う平日朝8時の渋谷スクランブル交差点だった!!
すみません私とセックスしてください
……
狂人を見るような目
すみませーん私とセックスしてください
どけよブス!!
やっぱAVの撮影かよ
顔写すなよ！
あ〜ダメか〜
次行こ次！
すみませ〜ん!!
私とセックスしてくださ〜い!!

もう
無理!!
平日朝逆ナンパなんて成功するわけねーよ!!
キィエッ
フフフ……
ナンパものはいきなりナンパ成功しちゃうとリアリティないから
断られるシーンを最初に撮るのが定石……
そして断られシーンの撮れ高は十分だ!
ここからはナンパ成功率が一気に上がっちゃう秘密兵器を投入する!!
ええっ♡
そんなのがあるんですか!?
これだッ!!
ヴィ〜〜ン…
Gに直撃!!
とびっこ
ON
OFF
単4電池二本使用
Vol.
27
震える下半身

これを膣内に挿入したまま男を逆ナン!!
すみませーん
IN
良きタイミングでとびっこのスイッチをオン!!
カチ
私と……
あっ♡
ピクンッ
性的快感によってダダ漏れる色気によって通勤中の男といえどももう性欲を抑え切ることができない!!
セッ……
せっくしゅ……
せっくしゅしてくだ……
んっ♡
もじぃ…
ドキ
そんなわけないだろ!!
ON
ヴィ〜〜ン
ていうかさっきからずっととびっこ動きっぱなしですけど……?
あれ?
おかしいな
スイッチはオフにしてあるのに……

とびっこの電波は
同メーカーの
ものはすべて
共通である!!
だからひとつの
リモコンを
オンにすると
半径10m以内の
とびっこが
すべて振動する
わりと雑な作りに
なっている!!
カチッ
ウィ〜〜〜ン!!
ガタ ガタ ガタ
とびっこ DX
ということは……
今現在半径10m以内で
とびっこを利用している
ヤツがいる……!?
まさかそんな
AVみたいなことを
実際にやってる
素人がいる
なんて……
仕方ないから
そいつらの電波
届かなくなる
位置まで
移動しよう
てくてく……
ウィ〜〜ン
109
ウィ〜〜ン
てくてく…
忠犬ハチ公
ウィ〜〜ン
てくてく…

なゆかちゃんナンパ失敗してばっかりだね〜?

ぴえ……

ごめんなさぁい……

●REC

お仕置きとして次はとびっこを挿入してナンパしてもらうからね!

ヌプッ

ひゃんっ♡

●REC

そして平日朝渋谷駅前でただでさえヤバいことを言う女に

私とセックスしてください

下腹部から響く謎の機械音が追加されてさらに状況が悪化した!!

ウワー!!

AVの撮影だ!!

逃げろ!!

う〜ん
いい絵が撮れたな〜！
そろそろ絡み撮りましょうかね
絡み=セックスシーンのことだよ！
ほく ほく
え？
どうやって撮るんですか？
そんなんあらかじめ素人役の汁男優用意してるに決まってるじゃ〜ん!!
よろしくお願いします〜！
先に言えよーッ!!
「すみませーん」
「私とセックスしてください」
ジ〜〜……
「もしかしてAVの撮影ですか？」
「顔はモザイクかけるので大丈夫ですよ」
「じゃあそれなら」
「わあ」
「ありがとうございます」
棒読み…
カットー!!
じゃあAV撮影オッケーのラブホに移動しまーす
はーい
ぞろ ぞろ
ちょ……っ

お前のシャツよく見たらミッ●ー柄じゃん!!
AV撮影に於いてディ●ニー関係のものを映すのは最大のタブーとされている!!
著作権
勝訴
賠償金
そんな危険なものは今すぐ脱げ!!
ハイ! すんません!
さっきのシーン撮り直しかよ〜……
クソッ!!
汁男が手間かけさせやがって!!
「私とセックスしてください」
「もしかしてAVの撮影ですか?」
絶倫の僕を取り合う西隣の人妻
この時の私はまだ知らなかった
「じゃあそれなら」
「わあ」
「ありがとうございます」
本番男優と汁男優の違いを

AV男優になるための王道の道は
AVメーカーのサイトとかに載ってる汁男優の求人に申し込むことから始まる
男優急募！
性病検査表と身分証明書と顔写真全身写真と共に応募応募!!
えー！
AV女優に精液かけられてしかもお金までもらえちゃうのー!?
汁男優とは!!
ぶっかけものなどの一員としてAVに出る男優のこと！
ギャラは0円〜5千円！
5000
やまもっさん久しぶりじゃないですか〜！
いや〜
嫁に汁男バレしそうになっちゃて自粛してたんですよね〜
現場終わりにみんなで鳥貴行きません？
ドキドキ…
おまえ今日が初参加？
汁男界はあの金田さんって人が仕切ってるからちゃんと挨拶してこいよ！
ハイ!!
金田(42)汁男優歴15年…
君初参加なのに3回も出したの？
やるじゃーん！
射精すると手首に輪ゴムをかけてもらえて本数に応じて精算する
Vol.28
汁男優という職業
ありがとうございます！
体格もいいしちんこもデカい……
ふむ……

監督に気に入られると6Pとかの一員として呼ばれるようになる
明日の現場なんだけど汁男が一人飛んじゃってさー
代わりに来れるー？
行きます!!
プルルルルル……
もしもし店長ですか？
ゴホッ
あの……今熱測ったら38度あって……
すみませんけど明日のバイト行けそうになくて……
ゴホンゴホン！
インリン・オブ・ジョイトイ
挿入はメインの本番男優のみ！
他の汁男はおっぱいを揉んだりして補助をしろ!!
ハイッ!!
んっ♡
んっ♡
え？
おちんぽ入れられてるとこ舐めて欲しいの〜？
エッチだなぁ〜
オイ誰か行け!!
でも挿入中のまんこを舐めるってことは一緒にちんこも舐めることになってしまうのでは……？
俺行きます!!

ペロ
ペロ
ペロ
ペロ
これがAV女優のマン汁の味……♡
ちんこの味も含まれてるんだろうけどそれはないものとする!!
おまえ根性あんな!
そろそろフェラ男優に昇格だ!!
ありがとうございます!
フェラ男優とは!!
フェラ抜きなどでただ突っ立ってフェラされるだけの男優のこと!!
ううっ!!
カポ
カポ
いつも画面越しに観ていたAV女優に今フェラチオされている!!
ヤバい!
このままだとすぐ射精してしまいそうだ!!
去年死んだコロ……
帰省するたび俺の子供の頃の好物を買っていてくれるお母さん……
あんたこれ好きだがね
カニチップ
その母親と父親とのセックス……
よし子!
ター君っ♡
ハァ
ハァ
ハァ
鉄板案件萎え…

コク…
※射精OK合図
ピュピュッ
う……
イクッ!!
本番男優とは!!
一対一で男優が女優をリードするいわゆる普通の絡みに出演できる男優のこと!!
いよいよ俺もAV女優とセックスできるのか……!!
ギャラは3万円
10000
10000
10000
射精コントロールもできるようになったな
おまえもそろそろ本番男優になっていい頃だ
ありがとうございます!!
しかし本番男優と言えども新人が絡めるのは企画女優である
68歳AVデビュー
体重100kg
リスカ拒食症
勃て……
勃つんだ俺……!!
こういった下積みを経て
期待の単体女優のデビュー作の初絡み相手として選ばれるような
しみけんクラスのトップ本番男優となるとギャラは5万円になる
10000
10000
10000
10000
10000
トップ男優
本番男優
フェラ男優
汁男優

ちなみに単体女優のギャラはAV一本分を意味するのだが
絡み×2
フェラ抜き×1
販促
パッケージ撮影
イメージシーン撮影
月に1度
3日拘束で150万円
男優の場合は一回の現場で常に同じ額のギャラが出るので
基本は拘束時間3時間の1絡みで5万円！
ピュ
ラブラブカップルものの彼氏役として丸一日拘束でも5万円！
絡みその1
絡みその2
ピュ…
フェラ抜き
チョボ…
ドラマものの チョイ役として一言セリフを言うシーンを撮って帰るだけでも5万円！
「これから みなさんに乱行をしてもらいます」
カットー!!
学生役の男優はシャワー浴びて乱行まで待機してくださーい
ぞろぞろ…
鷹さんはこれで終わりです！
お先～☆
人気男優となると1日に2現場を回り日給10万円
これを週6でやると年収は3千万円を超えるのでその辺の人気単体女優よりも儲かっていたりするよ！

しかしこれは一握りの選ばれし本番男優のみの話であり
潮吹きはできて当たり前!
精液の色を濃くするための亜鉛のサプリは必須!!
亜鉛・マ
勃起力を維持するために筋トレ!禁煙!禁酒!
体臭や口臭のケアには人一倍気を使う!!
除毛クリーム
シュー~~
リステリン
私は今までそういった本番男優との絡みしか経験がなくそれが当たり前だと思っていた
口はミントの香り……
金玉はフローラルの香り……
でも本番男優だといくら顔にモザイクかけても
AVをよく観てる男には素人男性じゃないことがバレバレになっちゃうじゃん?
へえ~童貞なんだ?
は……
ハイ……
この体型……
この声……
絶対マッチョ男優くんだろ!!
DIESEL
だから素人役は無名の汁男じゃないとダメなんだよね~
今日が現場3回目なんですけど……
がんばります!!
よろしくお願いします~
くん…
つーかコイツ……
ワキガじゃね……?
じゃあキスシーンから撮りまーす!
3!
2!
1!
キュー!

Vol.
29
これが私の仕事
緊張してるの？
あ……ハイ……
絶倫僕を取り合う両隣の人妻
まずキスしてみよっか？
舌出して……？
ハイ……！
ペロ……
ギャッ!!
舌がケミカルな黄色!!
ズパァーン!!
おまえ絡みの前にオロナミンC飲んでんじゃねえよ!!
あと舌苔つきすぎだろ!!
舌もちゃんと磨け!!
ハイ！
すんません!!
キスシーンから撮り直しだ!!
シャコ
シャコ
僕を取り合う両隣の人妻

オイ!!
カメラの前塞ぐんじゃねぇよ!!
女優を仰向けにした時は頭の下に枕入れてあげないとブスに映るだろ!!
ズ
痛ッ!!
ちゃんとローション使えよ〜〜!!
もう前戯はいいから最後にフェラしてからの流れで挿入でフィニッシュだ!
う……
ズル。。。
へそが汚ねえ……
垢
いつも共演していた本番男優のありがたさが
今になって身に染みるな……
どう?
シコ
シコ
気持ちいい?
おちんぽおいひいい♡
ちゅぱ
ちゅぱ
もうダメ♡
おちんちん挿れたいよおっ♡
くぱあっ

あの……
すみませ ん……
勃ち待ち お願い します!!
男優が勃起するまで待つ時間———……
静かなスタジオ内にちんこを擦る音だけが響く
ぐったり…
人前でエロ行為をして勃起できる男は大体10人に1人くらいしかいないと言われている
勃ち待ちが始まる!!
しん○○○
シコッ
シコッ
5分経過
シコッ
シコッ
20分経過
プハー
赤甲羅ウッゼ!
1時間経過
ピコ ピコ
うちの子の写真見るー?
ヨッシャ! 一位〜!
シコッ
シコッ
もう小学生なんスね〜!

まだ？
このスタジオって延長料金いくらだっけ？
は～
嫁に帰り遅くなるって連絡しなきゃ
俺うんこしてくるわ
勃ち待ちの時間が長くなればなるほど
ちんこは摩擦に麻痺してきてプレッシャーは重くなり
どんどん勃起が難しくなる悪循環に陥る
ちんこに刺激を与えてももうどうにもならない状況になった男優のとる行動パターン
その1
禅
チョイチョイ
目を閉じて乳首だけに集中する
その2
ちんこをブンブン振り回して冷やす
ブンブン
その3
しばらくトイレに篭る
……中で何をしているのか？
バタンッ
芯入りましたー!!
よし!!
芯が入る＝安定した勃起が維持された状態になることだよ！

カメラ回せ！
ローション塗り直し！
コンドームつけて！
つきうす
えっと……
痛ッ！
毛が巻き込まれた！
あれ？
これもしかして裏側？
もた
もた
ショボ…
えっと……
ちょっと舐めてもらってもいいですか？
あ？
私の仕事はカメラの前でセックスすることで
おまえの仕事は勃起させることなんだから自分の仕事は自分でやれよ
じゃ……
じゃあコレ見えるとこに置いといてもいいですかね？
おず…
絶体美少女主義
ピチピチ18歳
JS・JCコス特集号!!
身長142cm Aカップ
新人
ちっぱい大集合!!

ヌプ
ジ……
すみませんもうちょっと近くで
ジ……
もっと近く!!
パンパン
ちょぴ…
うぐ……
イクッ!!
お兄ちゃん…して…♡
お気に入りのクマさん
REC
カットー!!
お疲れでーす!
撤収急いでー!
ウィース!
バタバタ
そうこれが私の仕事———……

Vol.30
AV女優はNG項目というものを設定できる
毒汁の威力
とりあえず三大NGはNGにしとこっか
三大NGって？
アナルセックス
スカトロ
SMのことだよ
ん〜？
SMくらいなら別に大丈夫だけど……
NG事項確認
イラマチオ OK NG 応相談
口内発射 OK NG 応相談 目より下のみ
顔射 OK NG 応相談
ごっくん OK NG 応相談
ぶっかけ OK NG 応相談 指入れもNGで
アナル OK NG 応相談
峰さんが想像してるのはたぶんソフトSM風プレイのことで
AV業界で言うSMは出血したり痣が残ったりするヤツのことなんだけど……
手錠
ボールギャグ
バラムチ
たいして痛くない
一本ムチ
ヒフが破れる
高温ろうそく
注射針
NGで!!
SMは絶対NGでお願いしま〜す!!

NGってみんなどんなの指定するの？
キモメン男優NGとかレズNGって子が多いけど
土下座だけは絶対NGって子もいたな～
土下座に何のトラウマが……？
峰さんは他にNGある？
ちんこがデカすぎる男優！
男優のアナル舐め！
鼻フック！
ごっくん！
う～ん……
前半はそもそもそこまで需要ないから別にNGでもいいんだけど
ごっくんはかなり基礎的なプレイだから……
絶対イヤだっ!!
つっても口内射精まではさすがにやらざるをえないんだよなぁ
あぁんっ♡
おちんぽ汁ほちいっ♡
イクッ!!
ピュッ
でろり…
カットー！
オエーッ!!
精液の残り汁がもう喉の奥まで浸食してきている!!
イガイガ
イガイガ
ハイ！イソジン！

ガラガラガラガラ
ペッ
ガラガラガラガラ
ペッ
ガラガラガラガラ
ペッ
ガラガラガラガラ
ペッ
あれだけ
イソジンうがいを
したのにまだ
精液の後味が……
ウプ…ッ
お昼休憩
でーす！
精液って飲むと
健康にいいんだって！
顔にかけると
肌にもいい
みたいだよ！
というのはIQ3の
男がよく言う
セリフだが
じゃあ
おまえが飲めよ
私は精液のことを
「毒汁」と呼んでいた
おっ！
今日は
釜寅か～
炊き立て
白米がうまい
んだよな～
精液の後味＋
白米とか最悪の
組み合わせだよ!!
ホカ
ホカ
えーん!!
峰さん
食べないの？
タバコ2箱
連続で吸う
以外に精液の
後味取る
方法がない
んだよ!!
AV女優に異様に
ヘビースモーカーが
多いのはこれが理由の
ひとつだと思う
モク
モク

肌の弱い女優さんは精液が触れた箇所が赤く腫れるし
ああ〜……
また……
タトゥーも隠せる最強のコンシーラーがあるんで任せてください！
じわ…
顔射で目に入ると結膜炎になったりもする
クッソ！
あの男優目より上までかけやがって!!
ブスに映るリスク取ってまで全力でまぶた閉じてたけどもしかして精液入っちゃってるかも？
ギゅっ
ゴシゴシ
バイシンさしますか？
海外製の目薬
ポタ…
ギャアーッ!!
しみるウーッ!!
バイシンがしみるってことは精液入ってるってことなんで
早めに眼科行ったほうがいいですよ
いま私の眼球の上を男優の精子が泳いでいるのか……
ウヨウヨウヨ
なんかキモいな……
牛乳で眼球を洗うと精液による被害が抑えられるらしいです！
アイボンのカップ
おいしい牛乳
これは頭が痛い時にこめかみに梅干しを貼るみたいな呪術的治療法と違うのか……？
そんな毒汁の成分は血液と同じようなものらしく胃で消化することができないので
生来胃の弱い私は精液を一人分ごっくんするだけで凄まじい胃痛に襲われる
アアーッ!!
胃がイテエーッ!!
興味本位でごっくんしてみた若かりし日
今すぐ薬局でガスター10を買ってきてくれ!!
走って行ってくる!!

胃弱じゃなくとも
こういったAV現場では
確実に女優さんが
腹を下して撮影が
中断されてしまうので
本物ザーメン
大量精飲
まだー？
も……
もうちょっと待ってください……
今ちんこを挿入したら確実に下痢が飛び散ります!!
シャーー
でろ
でろ
プハッ
おいちい♡
カットー!!
じゃあ精液吐いてきます!!
大量ごっくんの後はみんな即吐いている
大量ごっくん前はあらかじめ「底」を作っておくよ！
吐きやすい食感＆消化されづらい＆精液の色との見分けがつきやすいワカメがベスト！
もぐ
もぐ
嘔吐を繰り返して底が出てきたら7割方は吐けたという証！
お
精液よりワカメの分量が多くなってきたな
残りの三割をできる限り排出するために
さらに大量の水分を摂って嘔吐を繰り返すのがベーシックな方法！
これを「濯ぎ」と呼ぶよ！
ゲホッ
ゲホッ
濯ぎ用の水置いとくね！

わたし普段から
チューブ吐き
してるんで
大丈夫です！
チューブ吐き＝
過食嘔吐界隈でも
極北とされている行為
ホームセンターとかで
売ってるシリコン製の
チューブを口から胃まで
突っ込むことにより
吐きダコができることも
胃酸で歯を溶かすことも
なく胃の内容物を完全に
吐くことができるよ！
真似しない
でね！
しかし稀に胃腸が
ものすごく強い
女優さんもいて
最強
私ごっくんしても
下痢にならない
体質なんです！
ザーメン
おいちぃ♡
ごく
ごく
ごく
もっとぉ♡
じゃあさー
ごっくんが
NGなら
中出しは
どうカナ？
消化されないまま
胃腸を通過した
大量の精液は
翌日に真っ白な
うんことなって
排出されるそうだ
わぁ♡
きれい♡
写メ
撮っとこ♡
絶対
イヤッ!!
余計無理
なんです
けど!?

Vol.31
ノー・モア・パンデミック
大丈夫！
こっちでちゃんとアフターピル用意してるから！
ノルレボ錠1.5mg
NoRLEVO
コンドームは正しく装着すれば避妊率98%！
アフターピルは射精から服用までの時間が経つほど避妊率がどんどん下がっていく!!
98% コンドーム
95% アフタピル 24時間以内
85% アフピル 48時間以内
58% 72時間以内
※アフターピルの譲渡は薬事法で禁止されています
つまり二日撮りで中出し撮影した後の服用だと
避妊率85%しかないんですけど!?
ん～……
じゃあ毎日飲まなきゃだけど今日から避妊率99・9%の低容量ピル飲みなよ！
日 月 火 水 木 金 土
※低容量ピルの譲渡も薬事法で禁止されています

次の撮影は5日後!!
低容量ピルは飲み始めてから10日の間は確実な避妊の保証はない!!
じゃあ今日から低容量ピル飲み始めて来月分の撮影で中出しを……
いやそもそも中出しが無理だから!!
ちなみにAV女優が撮影で妊娠した際の規約は特に設けられていないよ!
だって中出しってことはナマで挿入するってことでしょ?
性病になったらどうすんの?
一か月に一回ってことはその一か月の間にうつってたら?
1か月の間に男優は何人の女と絡むわけ?
人気男優の場合
1日2現場を月25日で少くとも50人
+
プライベート
男優さんはちゃんと一か月に一回性病検査受けてるから安心して!
つーか一番避けたいHIVは感染から3か月経たないと正確な検査結果出ないんですけど?
一ヶ月後
二ヶ月後
三ヶ月後
HIV感染!!
陰性判定!!
陰性判定!!
陽性発覚!!
こういうAVで一人でも感染してるヤツが混ざってたら?
100人連続本生中出し
もう精子でお腹いっぱいだよ
AVデビュー

その百人の男優が3か月後にHIV陽性判明するまで何人の女優とヤって
その女優は何人の男優とヤってその男優は何人の女優とヤるの？
……
夫の浮気の仕返しにAVデビュー
今のところAV業界でHIVパンデミックが起きてないのが奇跡だな……
ちなみにAV女優が撮影で性病に感染した際の規約も特に設けられてないよ！
本番男優Mさんの証言
やっぱこの子あきらかに性病持ってんなって子はいるからちゃんと対処してるよ！
パンツの上から臭いでわかる……
あん♡
あん♡
プゥ～ン
独特の臭気……
コンドームよ！
俺を守ってくれ!!
緑色の汁出てるんでクンニは勘弁してもらっていいっスか!?
うーん
じゃあそれはしょうがないけど挿入はしてもらわないと困るから
でろり…

撮影後は一応抗生物質を飲み
尿道にイソジンを流し込んで消毒するよ！
ちゅるるる…
染みる!!
そんな危ない橋渡ってんのかよ!!
は!!
ていうか私もう半年以上AV出てるのに
一回も性病検査求められたことないんですけど!?
いやー
女の子にそんなことさせるのは失礼だから
女優さんには性病検査は義務付けられてないよ
価値観が意味不明すぎる!!
仕返しにAVデビュー
私もせめて今からでも性病検査……
つっても検査結果出るのって受診から1週間後とかだから次の撮影には間に合わないな……
ここの病院なら都内で唯一翌日に検査結果教えてくれるよ！
さすが詳しいね！
今から行こーっと！
ナビに住所入れてください
えーと台東区根岸2丁目の〜
鶯谷ね
どこのお店で働いてるの？
店？
店員じゃないです
この辺りですかね？
あっ
たぶんここです
婦人クリニック
個人

ジ…シャーン…ッ
ドゥンドゥン
ドゥン
恋ぃーびーと
たちはとても
↑Jpopの
ユーロビート
リミックス
なんか変
だな……
高収入求人マガジン
モモコ
今だけ限定価格
・クラミジア
・淋病
・梅毒検査
セットで
2千円引
通常価格
8900円
6900
お得な回数券もございま
この
病院……
ガチャッ
そういえば
鶯谷って
初めて
来たな～
鶯谷
って……
吉原だった
とこかよ～!!
平成女学院
¥6,000～
優良店
メンズ
エステONE
平成女学院
M性感
アマゾネス
8,000～
無料案内所
イメクラ
超特
マッサージ
愛
中国
エステ
2F
アジアンセクシーパブ
FUN♡FUN
鶯谷婦人クリニック
3F 平成女学院
スタッフ募集
案内
無料
18
ファッションヘルス
泡泡洗体
ソープランド
多情
出会い喫茶
東京物語
熟女
えーと
初診なんです
けど……
スキン
つけて
ますか？
受付
スキン？
コンドー
ム!!
仕事中
コンドーム
つけてます!?
え……
はい……
つけて
ます……
客は全員
風俗嬢
前提!!

スキン
つけて
ますか?
NSです
スキン
つけて
ますか?
NSです
NSです
NSって
なんだ
……?
モモコ
企画女優
Aさんの証言
NS=ノースキンの略
コンドームなしでプレイすること
即尺=うがいやシャワーなどをしないで客が来たらそのまま即フェラチオすること
普段はNSで即尺・即即のソープで働いてます
即即=同じく汗まみれの客でもチンカスついた客でも即本番をすること
風俗嬢はちゃんと月1で性病検査してるんで大丈夫ですよ!
あっ
今回は梅毒もらっちゃったか～
2週間は休まなきゃな～
チェ～
Supreme
ハイッ!!
決意を新たに絶対に中出しはNGで～す!!
企画だと一日AV撮影するより一日風俗で働いたほうが儲かるんですけど
オッ♡
まったく知らないAV女優だけど現役AV女優と即即できるというだけで興奮するッ!
指名
指名!!
AVに出演すると「現役AV女優」って肩書きがつけられるんで指名増えるんですよ
だからAVには風俗の宣伝としてたまに出演してソープで稼ぐって感じですね～
現役AV女優在籍!
かんな(20)
T153
B86(D)
W55
H84
本日出勤
現役AV女優
癒し系
非喫煙
美乳

Vol.
32
やっぱりナマが好き
AV女優の朝は早い
ピンポーン
ピンポンピンポン
ピンポーン
ドンッ
ドンッ
ヴー
峰さん!?
起きてる!?
いる!?
うう……
眠い……
着信 ミネジ君
ガチャ
おはよ〜
よかった〜
飛んでなかった〜
ホッ
AV撮影の集合場所は新宿駅西口のスバルビル前と
なぜか昔から相場が決まっているので
SUBARU
やっぱ念のため俺が峰さんちの合鍵預かっとくのは……
イヤだ
早朝のスバルビル前にはいつも
オラついた男とギャル服なのにスッピンという違和感がすごい女たちが集っている
はざーす!
おはようございまーす!
あなたよりエロい友達を紹介してください

つなぎ買いますけど峰さん食べたいものあります？
ハムサンドと歌舞伎揚げ!!
つなぎ＝撮影の合間に食べるおやつのこと
あとは定番のじゃがりことと〜
新発売系のチョコとおにぎりと飲み物と〜
あっ
生卵とコンデンスミルクも買っとかなきゃ
生卵とコンデンスミルク？
？
擬似精液
3分
AD君のクッキング
みなさまこんにちは
パカ
今日は擬似精液の作り方をご紹介します
①生卵から卵黄を取り除き
完成!
最初のシーンはフェラ抜きなんだけど
今日はどうせ擬似精液使うしごっくんにしよ!
擬似精液なら大丈夫です!
じゃあこの擬似精液をスポイトに詰めて……
ちゅるるる
②そこにコンデンスミルクとウーロン茶少々を入れ軽く混ぜる
これ混ぜすぎちゃうと精液のムラのあるドロッと感がなくなっちゃうんで
意外と加減がムズいんですよね〜
ウーロン茶で少し黄ばませるのがリアルに見せるポイント!
シャ
コンデンスミルク

ああっ!!
もうイキそうだ!!
チュパ
チュパ
ごっくん!
ぎゅっ
ピュー
おいしい♡
カットー!
うおえッ!!
生の卵白に練乳とウーロン茶混ぜたものが精液と同じくらいまずいなんて聞いてないんですけど!?
じゃあ次はいよいよ擬似中出しの撮影を——……
あ……
峰さん血が……
ヒエッ!
じわ…
生理が来てしまった!!

前の生理から
もう1か月
経ったのか〜
自分の生理周期を把握してない
私の生理周期を把握している
いや峰さんの
今月の予定日は
1週間前だから
もう終わってる
もんだと思って
今日に撮影日
組んだんだよね
じゃあ
タンポン
を……
あれっ？
タンポン
挿れちゃったら
ちんこ入ら
ないよね!?
そんな
時は……
海綿〜！
パーン
海綿
とは！
モクヨクカイメン
という動物の
繊維状になった
骨格のこと
水分をよく
吸うので
お肌に優しい
高級天然
スポンジとして
または生理中の
風俗嬢やAV女優の
ちんこ挿入可能な
生理用品として
使用されているよ！
領収書
ください!!
エーゲ海産
天然カイメン
ドサッ
業務用
天然海綿
5cmカット済
20個入
うすうす
お得パック！
ニキビ
エイジングケア
赤ちゃんのお肌
にも優しい！
微生物などを
食べて生きてる
海の生きもの
コレ

海綿を膣の奥に詰めるのは男優の仕事だよ！
……峰さんって膣長いね
私って膣長いんだ……
知らなかった……
ギュムギュム
普通のゴムだとモザイクごしでもコンドームつけてるの分かっちゃう可能性があるから
精液溜めのないタイプの透明色のコンドームのリング部分をカットして……
チョキ
チョキ
ああんっ♡
ナマチンポしゅごいっ♡
ズボズボ
ナマまんこすごい気持ち良いよ……!!
※コンドーム
私……
ナマでするのなんて初めてだよぉ♡
※コンドーム
解説しよう！
多くのAV視聴者は精液が本物か偽物かに謎の執着心を持つよ！
なので挿入シーンから急にカット割りをして射精シーンに切り替わると
その間に擬似精液を仕込んでいる事を疑われてしまうため
パンッ
イキそうだ!!
パンッ
パンッ
イクッ
このカット割りの間にどうせ擬似精液仕込んでるんだろ!!
せっかく中出し解禁っつーから買ったのに!!

擬似だと疑われないようにするためには挿入から射精まで一切カットをかけてはいけない!!
長回し……
あん♡
あん♡
最後に膣からあふれる精液のアップ
どろり…
カットー!!
カメラを結合部へ移動
イクよ!?
ナマで中出しするよ!?
つーか生卵を膣に入れるって衛生的に問題ないのか……?
サルモネラ菌とか…
女優の上半身へ移動
ダメっ♡
妊娠しちゃう♡
ああっ♡
ちゅるるるるる
撮影後に海綿を取り出すのも男優の仕事だよ!
峰さんってほんと膣長いよね……
私ってそんなに膣長いんだ……
ぐりぐりぐり
引いて全体図を映す
イクーッ!!
精液いっぱい出てるぅ♡
スポッ
海綿
擬似精液
※コンドーム

AV撮影時の権力関係は通常こういった体裁が取られているよ！
AV女優
監督
男優
メイク・音声など技術系
AD
なのでお弁当を一番に選ぶ権利があるのはAV女優だし
どれにする？
んー……
俺ミックスフライべんと……
アホッ!!
峰さんが先に選ぶんだよ!!
ミックスフライ弁当
カルビ焼肉弁当
撮影後も男優は女優より先にシャワーを浴びてはいけない
峰さんシャワーは……？
カチ
もう一服してから行きまーす
ベタ
ベタ
ただ今日の権力関係は違う!!
加藤鷹だけは……
鷹さんだけはAV女優より格上の存在だ!!
鷹
AV女優
監督
男優
技術さん
AD
Vol. 33
ゴールドフィンガー
チュース!!

加藤鷹とは!!
GOLD FINGER
説明するまでもないが'90年代に潮吹きで一躍有名になった日本一知名度の高いAV男優!!
もともと「加藤鷹」は芸名だったが
現在は本名まで「加藤鷹」に改名している!!
しかし潮吹きは自転車に乗るようなもので
そこで指曲げて!
プッシュするんじゃなくて指を曲げた状態でスライドさせる!!
こうッスか!?
ワシワシ
ワシ
一度コツさえ摑めばわりと簡単に吹かせることができるので
ちょっと張りが出てきた場所はないか!?
なんかプクッと膨らんだとこがあります!!
それだ! それがGスポットだ!!
グイグイ
グイッ
ゼロ年代に入る頃には男優なら潮を吹かせられて当たり前になっていた!!
ブシュ
ブシュ
ブシュ

なので現在の鷹さんに他の男優と比べて特に技術的に優れている点があるわけではないのだが
「なんとなく偉い」という一点のみで特別扱いを受けていた!!
鷹さ〜ん!!
お忙しいところありがとうございますぅ〜!
上着かけときますね!
ファンです!
サインしてください!
他の男優と扱いが全然違う!!
お荷物もお持ちしますね!
あっ
これは大事なものだから自分で持つよ
パカ
どれ履いて欲しい?
選んでいいよ?
アタッシュケースにギッチリ畳んで詰められたビキニパンツ!!
別にどれでもいいです!!
ハッ!
監督からのオーラを感じる……
鷹さんの機嫌を損ねるなよオーラ…
これはね〜ヒョウ柄!
セクシーでしょ?
これはエッチなとこにファスナーがついてて……
これは後ろがメッシュになってて……
無…
うわ〜
どれもステキで迷っちゃうな〜

なゆかチャンっていうんだ～
いま何歳？
二十歳です
実年齢は？
ほんとに二十歳なんです～
いやいやホントは？
まだカメラ回ってないのにキャバ対応をさせられている……
これが「なんとなく偉い」とされている人間の力……!!
カメラ回しまーす!!
3！
2！
1！
キュー!!
ああ～
いいね～
気持ちいいね～
あんっ♡
やっぱりゴールドフィンガーしゅごいっ♡
ズボズボズボ
オッ
出る!?
もう出ちゃうかな？
出ちゃう!?
めっちゃしゃべる
あ
テープ切れそう
テープチェンジしまーす！
テープチェンジとは!!
挿入中でもなんでもテープが切れそうになったらテープを交換する間に発生する
数分間の無の時間のこと！
アンッ♡
アンッ♡
イキそうだ……!!
テープチェンジでーす
無の数分
萎えないように自分でシコる
ガチャガチャ
アンッ♡
アンッ♡
イクよ!?
イクよ!?
ジー

しかし相手が鷹さんの場合は演技を続行しなくてはいけない!!
ガチャガチャ
ん～
もう一回くらいは吹けそうだね～
でも今はテープチェンジ中だからもうちょっと我慢だよ～!
あ～ん♡
屈辱
せっせっ
テープチェンジ終了!
そろそろフェラして挿入で!
はーい
ホ……
せっせっ
ズバッ
つっても……
鷹さんってもう50代近いし……
勃つのか!?
いま現在ぜんぜん勃起してないんですけど!?
ぺろん…
もしこのまま勃たずに勃ち待ちに入ってしまったら……
無料フェラしなくてはいけなくなるのか!?
ちんこ舐めて
鷹さんの機嫌を絶対に損ねるなよオーラ
うぐ……
イヤだっ!!
無料フェラだけは絶対にイヤだッ!!
ジュポ ボボ ボッ

コク……
そろそろ挿入してくださいの合図
ああ〜!!
がんばったけど半勃ちが限界だ!!
まだ挿入できる硬さではない!!
ふわらか……
そこで鷹さんが取った行動とは!!
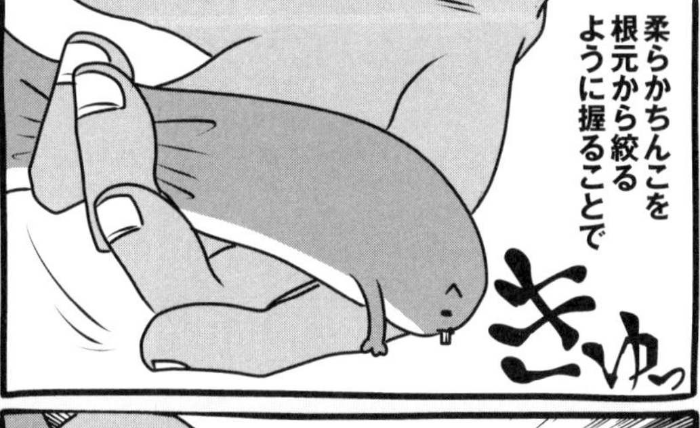
柔らかちんこを根元から絞るように握ることで
きゅっ

先端に血液を集中させて亀頭の硬度のみを上げて
ワキィッ

亀頭のみ挿入!!

「膣内挿入できた」という心理的解放感と物理的快感によってちんこ全体をピストン可能な硬度に高める!!
ああ〜すごい気持ちいいよ〜
パンパン
これがゴールドフィンガーの真の使い道……!!

Vol. 34
マジカルバナナ
ああ〜
いいよぉ〜
アンアン♡
パン
パン
パンッ
某バナナ味ゼリー飲料〜！
夜バナナ
パーン
パーカ
パーン！
峰さん生卵白と練乳の味でえずいてたからな……
今回は最近話題のコレ使ってみるか
ガサッ
黄ばんだ色味！
とろみ！
ダマ感!!
精液にしか見えない!!
でろ
お…
伝統の卵白擬似精液から某バナナ飲料に乗り換える現場が増えていたよ！
いちいち混ぜて作る手間がないうえ生卵と練乳とウーロン茶買うより安いので
200円
ウーロン茶
計600円
これをスポイトに詰めて……
ちゅる…

ザッ
あん♡
あん♡
ちゅるり…
スポッ
イクッ!!
どろり…
ハイッ♡
お掃除フェラして♡
お掃除フェラとは!!
セックス後のちんこについたいろいろな汁を舐めとる行為のことだよ！
べちゃぁ…っ
うわぁ……
くん…
あれ？
フルーティーないい匂い
オッ
さっきのマズい擬似精液じゃない……
これはおいしいバナナ味の飲み物……
ぺろ…

おいしいバナナ味の飲み物に自分のマン汁とローションのブレンドにコンドーム風味をつけたもの……
ベースが下手においしい飲み物なぶん際立つ不純物の存在感！
生理的嫌悪感!!
混ぜるな
キケン！
某バナナ味ゼリー飲料はその後多くのAV女優のトラウマとなり
ヒッ！
なんてものを飲んでるんだ!?
なゆゆも飲むー？
そんなもんノーギャラで飲むわけねーだろ!!
一部のAV関係者男性の興奮材料となった
女子高生が……
あんなエロいもんを公道でゴクゴク飲んでいる……
ドキドキ
GOLD FINGER
あっ
海綿取り出さなきゃだよね？
俺の全然痛くないって評判だから！
……クソッ！
あとちょっとなのに……
……
痛え……
ぐり
ぐり
膣すごい長いね……？
私って膣すごい長いんだ……
グリ
グリ
グリ
グリ

よし
これで今回の撮影もおわ……
パ
ワァ
お疲れ様～!!
峰
とうとう峰さんもうちのメーカーを卒業だね……
最近は単体契約二本取るのもムズいのに
峰さんは12本まで延長して……
快挙だよ!!
この一年……
いろんなことがあったなあ
たまには乳を出さないパッケージ作ってみたら全然売れなかったり……
試しに峰さんにロリ系コスさせてみたら全然売れなかったり……
尻 接写桃尻スペシャル 峰なゆか
峰
売れなかった話ばっかりするのやめてもらえます⁉
つーか今のメーカーの単体契約終わったたってことは今後私はどうなるの？
今まで峰さんはレンタルのメーカーで単体契約してたんだけど
次はセルのメーカーでの単体契約を目指す!!
レンタル？
セル？

AVメーカーは大きく分けて
レンタルメーカーとセルメーカーがあるんだよ
セル＝SALEの意味だよ！
レンタル
アリスJAPAN 宇宙企画 など
セル
ソフトオンデマンド ムーディーズ S1など
へ〜
じゃあ今まではツタヤとかのレンタルコーナーで借りられてた私のDVDが販売されるようになるってこと？
そもそもAVももう全部DVDになってんのにずっとアダルト「ビデオ」って呼ばれてるだろ！
名称なんて飾りなんだよ！
じゃあ結局レンタルとセルって何か違いあるの？
いやレンタルメーカーのAVも販売されてるし
セルメーカーのAVもレンタルされてるよ
いきなり意味がわからないぞ!?
最も大きな違いはモザイクの薄さだ!!
レンタルメーカーでは性器、肛門、陰毛すべてにモザイクが入る!!
男優の陰毛の面積が広いとフェラシーンのモザイクがデカくなりすぎるから
男優がよくパイパンにしているのはモザイクの面積を少しでも減らすためだ！
個人的な趣味で剃ってるんだと思ってた……

峰さんは陰毛多くてしょっちゅうパンツから毛がはみ出てるから
下着着用シーンでもパンツの両脇に謎のモザイクを入れていた!!
なんかハズいね!?
モザ…
峰さんがＯＬコスしたときは
ストッキングの内側に挟まってる陰毛にもモザイクを入れるべきかどうか会議が開かれた!!
コレ
これは…？
でも誰かのワキ毛かもしれないし……？
すごくハズいね!!
それがセルになると陰毛、肛門、大陰唇すべてが解禁となりモザイクが小陰唇の内側のみとなる!!
レンタルメーカー
ズガガ
セルメーカー
ちまっ
でもなんでレンタルとセルでそんな差があるんだ？
それには長い歴史があるんだ……

Vol.35 善良な性的道義観念

日本では猥褻物を頒布すると犯罪になる

2年以下の懲役または250万円以下の罰金

でも「猥褻物」って何を指すの？

それは

①いたずらに性欲を興奮又は刺激せしめ

②普通人の正常な性的羞恥心を害し

③善良な性的道義観念に反するもの(※1)

である！

「普通人の正常」とは⁉

「善良な性的道義観念」とは⁉

具体的な猥褻物の基準がまったく不明だ‼

※1　最高裁判例 昭和26年5月10日 刑集5巻6号1026頁より

※各時期の警察の基準は明文化されたものではなく、逮捕事例などからAV制作側が類推したものです

'90年代前半

警察

写真の陰毛はいいけど映像の陰毛はダメなの……？

どうなの……？

世間

『an・an』でセックス特集号が発売されるようになったりして

女の性のタブー感がやや薄まる

an·an セックスできれいになる

男のヘアヌード掲載!!

表エロ業界

ビデオデッキがほぼすべての家庭で普及しレンタルAVが絶好調！

飯島愛

飯島愛 AV デビュー！

花嫁の下半身修業

黒よりグレーのエロ業界

大手レンタル店では扱ってくれないモザイクの薄いAVの販売に力を入れるぞ！

ビデオ安売王

SALE 50%OFF

'90年代後半～

警察

映像の陰毛もまあやりすぎなければいっかな！

世間

世紀末に恐怖の大王が来て世界は破滅してしまうの……？

2000年問題ですべてのコンピューターが壊れる……？

表エロ業界

「君も飯島愛みたいになれるよ！」

の口説き文句で顔のかわいい子もAVに出演してくれるようになる！

表に進出し始めた

グレーエロ業界

今まで1万円以上したセルAVの値段が2980円まで下がる！

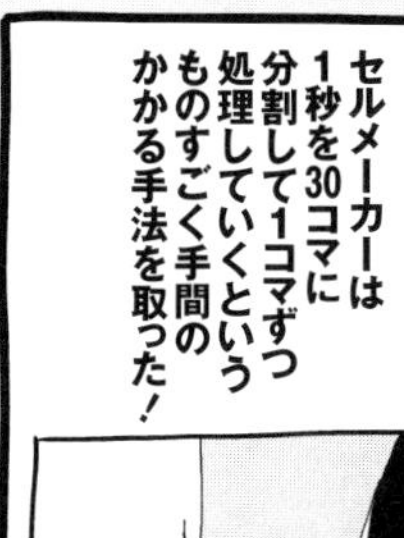

それまでのモザイクのかけ方はスロー再生した映像に円形のモザイクを当て込んでいく手法だったが

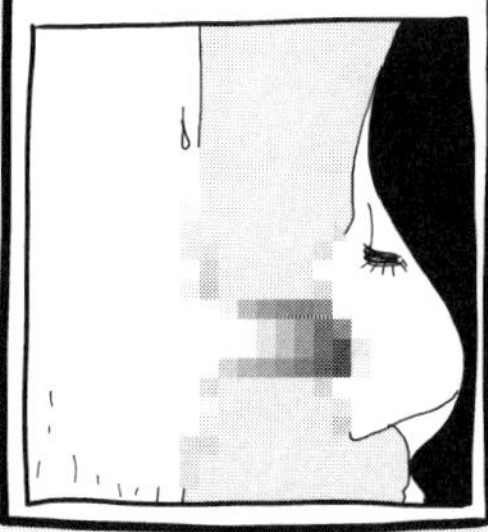

セルメーカーは1秒を30コマに分割して1コマずつ処理していくというものすごく手間のかかる手法を取った！

だって一応性器には
モザイクかけてる
から猥褻じゃ
ないよね!?
ね!?
中
肛門は排泄器官
であって性器じゃ
ないからモザイク
かけてなくても猥褻
じゃないよね!?
小
大陰唇って
太ももとの境が
曖昧だし……
小陰唇だけ
モザイク
かけときゃ
猥褻じゃ
ないよね!?
極小
どんどん
細かく薄くなる
モザイク!
目を細めて
見るともう
無修正みたい
に見える!
ジ……
2000年にDVD
視聴もできるゲーム機
PS2が発売された
ことによってDVDが
急速に普及!
DVD
プレーヤー
PS2
39,800円!
6~8万円
ガラケーでは
頑張って探しても
ジャギジャギの
画像しか観られない!
ジャギィ…
そもそもパソコンが
まだそこまで一般
家庭に普及してない&
あってても家族で共有
してるのでエロ単語で
検索しづらい!
YAHOO!
JAPAN
検索履歴 削除
ハァ
ハァ
18歳以上じゃないと
AVは借りられないが
当時はいろいろ緩かったので
AV購入の年齢確認は
そこまで厳しく
なかったため男子
高校生でも買えた!
ドキ
ドキ
まんー…いっか
アナルで
Fuck
Fuck
Fuck!
18
時代の流れも
味方して
モザイクの
大きいAVを
数百円で
レンタル
するよりも
モザイクの
小さいAVを
3000円で買う
ことを選ぶ
層が徐々に
増える

原価の安いDVDが爆発的に売れて時代は正にAV販売バブル!!
デジタルモザイク発売!
こっちはギリギリモザイク発売!!
じゃあハイパーデジタルモザイク発売!!
それならハイパーギリギリモザイク発売!!
セルメーカー各社
ギャー
ギャー
その激しい戦争の真っ最中
レンタルメーカーはずっと陰毛、肛門すべてをかたくなにデカいモザイクで覆い続けていた!!
あっ
ココ一本陰毛はみ出ちゃってるな
モザイク追加!
せっせっ
そりゃレンタルメーカー衰退してくだろ!!
だから女優のギャラもセルメーカーのほうが高い!!
えっ!?
じゃあなんで私最初からセルメーカーでデビューしなかったの!?
今まで着エロまでしかしなかったグラドルがAVでセックス見せてくれるようになったら
いきなりAVデビューする新人よりも売れるだろ?
つまり今まで陰毛を見せないセックスしかしなかったレンタル女優がセルで大陰唇見せてくれるようになったら
いきなりセルでデビューする新人よりも売れるだろ?

というわけで今俊峰さんは大陰唇まで解禁になっちゃうんだけどいいカリ……？
おず…
現場に行ってセックスするという私の労働自体は変わらないので
まったく問題はない!!
じゃあこれから最大手セルメーカー本社で面接だ！
え……??
AVメーカーが恵比寿ガーデンプレイスにある……？
五反田の普通の雑居ビルの中にあった大手老舗レンタルメーカー……
宇宙企画
セルメーカーどんだけ景気いいんだ……？
そしてセルメーカーの景気の良さは立地のみに留まることはなかった!!

監修／安田理央

最大手
セル
メーカー
ウィーン
アポイントございますかー？
ズラッ
ウワーッ!!受付の女の人がAVに出てくる受付嬢みたいだ!!
二十歳前後女性オンリー
美脚
異常な丈のミニスカート
ガーターストッキングが制服
立ち仕事でピンヒール
景色のいいおしゃれな会議室は
シャース！
いま用意するね～
なぜか焼肉ができる仕様になっている!!
ジュージュー
じゃあうちのメーカーでの峰さんの初仕事は――……
毎年恒例の忘年会に出席すること！
アジア最大級のクラブ六本木ヴェルファーレ貸切!!
Vol.
36
セルメーカーバブル
velfare

来年から専属になる峰なゆかチャンで〜す！
み……
峰でーす！
おっぱいがいっぱいですねー!!
いやそのダジャレ悲しくねーから!!
司会進行は有名芸人!!
シャンパンを運ぶバニーガール！
3年2組 はるちゃん(42)くん ピアノレッスン中にわいせつ
本マグロ解体ショー!!
寿司職人がその場で握る!!
へいらっしゃい!
つってもこれギャラ出るわけじゃないし……
もぐ もぐ
自前のヘアセット代と衣装代と行き帰りのタクシー代で普通にいい寿司食えるしな……

脚に限界が来たAV女優が一人ヒールを脱いで土足の床を裸足で歩き回ると
もうアカン
ぬ
ぎっ
同じく長時間立食パーティーで靴ずれした女たちが続々と靴を脱ぎ出す!!
ぺた
ぺた
ぺた
さらに立ってるのにも疲れると
土足の床に座り込んで酒盛りを始める!!
ワイワイ
ネタだけ食われて無残に残されるシャリ!!
トイレでセックスしてるっぽい人の気配!!
ガタッ
ガタッ
んっ♡
んっ♡
治安が悪すぎる!!
ガチャ
キャッ!
ヒエッ!!
ば……
爆乳ちゃん!?

……と
マネージャー君!?
……
え～
見られちゃった～
内緒にしといてくださいね？
私たちが付き合ってるってこと♡
ヒソ…
マジかよ……!!
あっ
爆乳ちゃん！
広報ちゃんが探してたっスよ～！
はーい
いま行きまーす！
トテテ…
えっと……
マネ君かわいい彼女できてよかったね！
色恋管理だよ☆
色恋管理とは!!
男スタッフが女スタッフと恋愛関係にある体裁をとって
女スタッフの勤労意欲を高めること
風俗、キャバなどでもよく取られている手法だよ！
ドソォ…!!
勃起不全治療剤
バイアグラ錠
50mg
fizer
20錠(10錠×2)
3年2組
はるちゃん 142cm
ピアノレッスン

色恋管理で生み出される原動力
その1 献身欲
爆乳ちゃんがいなかったらうちの事務所潰れてたよ～
マネ君のためにこれからもがんばって働こう！
母で性欲処理をすませています
その2 嫉妬心
今日すごい巨乳の子スカウト成功してさー！
ジェラッ
な……っ
何カップなの!?
母で性欲処理をすませています
その3 優越感
所属女優全員にあげてる
ハイッ♡
爆乳ちゃんにだけ特別なクリスマスプレゼント♡
他の女の子より私贔屓されちゃってる……!!
CHANEL
イヤ……
マネ君が色恋管理……？
その顔で……？
え……？
いちおう元ホストだからな
3年2組はるちゃんはピアノレッスン中にわいせ
その顔で!?
この顔だからホストで稼げなくて今AV事務所やってんだろ!!

顔のいいホストの中で売り上げ立てるのは無理だったけど
素人の女を枕で管理することくらいならできる!!
ホスト経験によって培った
姫♡
と真顔で言える能力!!
今までそんな扱いされたことないので即落ちる素人!!
ひ……
ひめ……!?
じゃあ俺らも会場戻ろ
マネ君なんかズボン白っぽくない……?
汚エッ!
爆乳ちゃんのマン汁がつきまくってる!!
次はビンゴ大会を始めまーす!
まだ終わらないのかよ~……
私もう帰ってもいいかな?
メインの壇上挨拶は済んだしまあいいけど
一等の商品はー!!
現金百万円でーす!!
やっぱ最後までいるッ!!
とにかくセルメーカーは景気が良かった!!

Vol. 37 AVメーカー社員の適性

牛丸と申します！
よろしくお願いします！
(株)大手セルメーカー
牛丸 幸夫
〒150-6018
東京都 渋谷区 恵比寿
03-3182-79
なぜ手書き名刺!?
キャバ嬢の体験入店みたいだ!!
オイ～
女優には名刺渡すなっつってあるだろ～
ひいっ
すんません!!
ビクゥッ
AVメーカーに入社する男のほとんどはAVに夢を抱いている
新人さんなんですか？
私がいろいろ教えてあげますね♡
え～？
撮影見てたら勃っちゃったの～？
エッチだなぁ～♡
男優だけじゃ足りないよぉ♡
新入社員くんのおちんぽ欲しいッ♡

現実
DAY1
パッケージ
撮影
はざーす
スッピン…
もっと谷間
作って!!
でもこの衣装で
このポーズだと
胸寄せられ
ないんで……
衣装の下に
ガムテ直張りで
胸を固定すると
いいですよ!!
ビシッ
ギュッ
一名脱落
ガチャ
ギャッ!
私のパンツを
盗もうとして
ワビになる
現実
DAY2
動画撮影
一日目
ドキ
ワク
アアーッ♡
イクーッ!
カットー!!
くっそ!!
もう
まんこが
いてぇ!!
ボラギノール
あります?
なんで痔の
薬……?
局所麻酔
成分入ってる
から!
まんこの
痛みには
ボラギノール!
ボラギノールA
6名脱落
あの……
思ってたのと
違うんで
辞めます……

現実
DAY3
動画撮影
二日目
新入社員くん！
使用済みシーツとローター洗って！
ザーメンついてる部分はこの血液用洗剤で下洗いして
カピカピィ…
血液等のタンパク質の汚れを落とす！
ローターはここの隙間にマン汁乾いたのが詰まってるから爪楊枝でとってね！
カピカピカピィ
ココ
撮影途中で2名脱走
音信不通
プルルル…
う〜ん
着信拒否されてるね〜
お疲れーす！
お昼のお弁当ここ置いときますねー！
テキパキ
10人の新入社員が3日目の中盤で一人だけに……
だから新入社員入るたびにいちいち名刺刷っても無駄じゃん？
いろいろ教育してからいざ現場行かせて
夢壊れて辞められても困るからさ〜
辞めない新人見極めるにはとりあえず現場連れてくのが手っ取り早いんだよね〜
そんな中でAVメーカー社員として残るのはもともとAVに全然興味がない男か
映像制作系の仕事ならなんでもよかったんすよね〜
AV？
ほとんど見たことないっす！

ものすごいAV好きのどちらかだ

プロデューサーことP君は東大を卒業して

新卒でこのAVメーカーの面接を受けたんだ

東大卒

なぜ!?

ブラックインターンシップ

御社の作品に感銘を受けました!!

働くならここしかないと思っています!!

ん〜

キミ血液型は何型?

?

Bですけど

俺B型のヤツ嫌いなんだよね〜

不採用

プリッ

それでも彼はすべての内定を辞退し

無職となって毎朝自主的にAVメーカー前の玄関の掃き掃除を続けること3か月

サッサッ

おまえなかなか見所あるやないか

特別に採ったる

まずはアシスタントからな

いいんですか!!

ありがとうございます!!

歯茎が紫色で口がちょっと臭い子を集めたAVを撮るのが俺の夢なんだ……!!

もわ

もわ

もちろん
臭すぎるのは
イヤなんだよ!?
「ちょっと臭い」
っていうのが勃起
ポイントだよね！
でもその
「口がちょっと臭い」
のエロさを映像で
どのようにユーザーに
伝えればいいのか……
じゃあ最後は
フェラ抜き撮って
この現場は
終了だな！
あれ？
でも男優さん
いなくない？

ああ
今回の
男優は俺
ぼろん

監督くんもまた
「女優と監督という
関係性を結構長く
続けた相手に
ある日突然
フェラチオを
させるフェチ」
というタイプの
変態だった!!
え……？

う……
初対面の男優の
ちんこ舐めるより
なぜかヤダ……
この
「なぜかヤダ」
って感じが最高
なんだよな～!!

やった～!!
年に一本だけ製作される
赤字覚悟で大規模に予算を使えるAVをプロデュースする権利を
今年は俺がゲットした～!!
峰さんをメインに据えて撮影するのは
集団痴女AV!!
Vol.
38
女優たちのサラメシ
地獄に堕ちてきたM男を5人の悪魔がエッチに攻め倒すというストーリーだ!
ウフフ…
クス
クス!
ドキ
ドキ
どういうストーリーなんだ?
他の出演者も今をときめくキカタン女優を揃えたぞ!

男いじり専門女優!!
痴女さんって呼んで
現役K大生!!
白ギャルちゃんだよ☆
関西出身!!
黒ギャルちゃんやで〜!

AV出演歴8年！
熟女さんよ
うう……
大人数で撮るの初めてだから気後れするな……
でもみんなも緊張してるのは同じだろうから
まずはフランクに声をか――……
あら痴女さん
いっしょの現場なるの久しぶりやんなあ！
今日は白ギャルちゃんもいるよ
おはぴよ〜☆
おっとマズい！
すでに私以外のメンツは知り合いっぽい雰囲気だ!!
知り合いの輪に新顔として入れてもらうのはさらにハードルが高い!!
決してキョドったりせずコミュ力が高い人っぽい第一声を――……

衣装はオーダーメイドで発注!

いつもの109で買った安い服の使い回しじゃない!!

巨大な地獄のセットを制作!!

いつものソファがシミだらけの安スタジオじゃない!!

食事は三食派遣シェフに作ってもらう!!

せっ せっ

いつもの冷えた宅配弁当じゃない!!

あ〜ん♡
P君
大好き〜♡
説明しよう!
AV女優は囚人みたいなもので撮影中の楽しみが食べることくらいしかないので
現場での食事のクオリティに固執するよ!
シェフ!!
何があるん?
お腹減った〜!
あ……
私も……
女性が主役の撮影現場とお伺いしておりましたので
女性に人気のメニューにしてみました
ペンネ・アラビアータ
エビのカクテルサラダ
デザートにレモンのソルベ
ハ……
ハアアアアアアアアアア!?

ふざけんじゃねえぞ!!
こんなもんで腹が満たされるわけないだろ!!
肉体労働者の食欲ナメてんじゃねえよ!!
これで天丼とペヤング大盛り買ってこいや!!
ダボが!!
ペッ
ペッ
ちぃっ
反省したシェフは次の回から方向性を変えた
・カツ丼・唐揚げ・デザートに焼きそば
やればできんじゃん!!
おかわり!!
焼きそばに目玉焼きも乗せたって!
私も!!
なぜか連帯感も生まれた!!

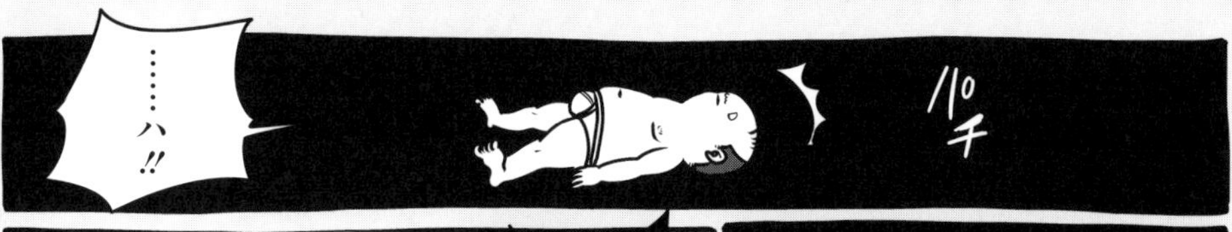

おまえはオナニーしてる最中に心臓発作を起こして死んだ!!

そ……そんな……

童貞を捨てられないまま死んでしまったなんて……

童貞クンなんだぁ☆

惨めな最期だったんだね♡

あなたはこれから永遠に私たちの性奴隷になるのよ……

金玉袋カラッカラにしたるで!!

Vol. 39

痴女の本懐

カットー!!
ドラマ部分の撮影は終了!
絡みは全編通して痴女ものとして撮るッ!!
は〜い
痴女……?
痴女って電車で男の尻を触る女の人ってこと……?
でも電車のセットとかないし……?
ここからのヤリフはアドリブでよろしく!
3!
2!
1!
キュー!!
キャハ☆
こんなとこ感じるのぉ?
もうブリーフに我慢汁のシミできてる〜
乳首ビンビンやん!!
「痴女」って女が攻める側になることか!!

それじゃあ
私も何か
しなくては……
えっと……
女5人がかりで
男一人を攻める
となるとちんこか
乳首を先に
取ったもん勝ち!!
二人
余る!!
ちんこ係
右乳首係
左乳首係
余り
余り
キャア
キャア
えーと
……
そうだ!
M男の
指でも
使おう!
アンッ♡
指イイッ♡
絵面が
地味すぎて
撮ってもら
えない!!

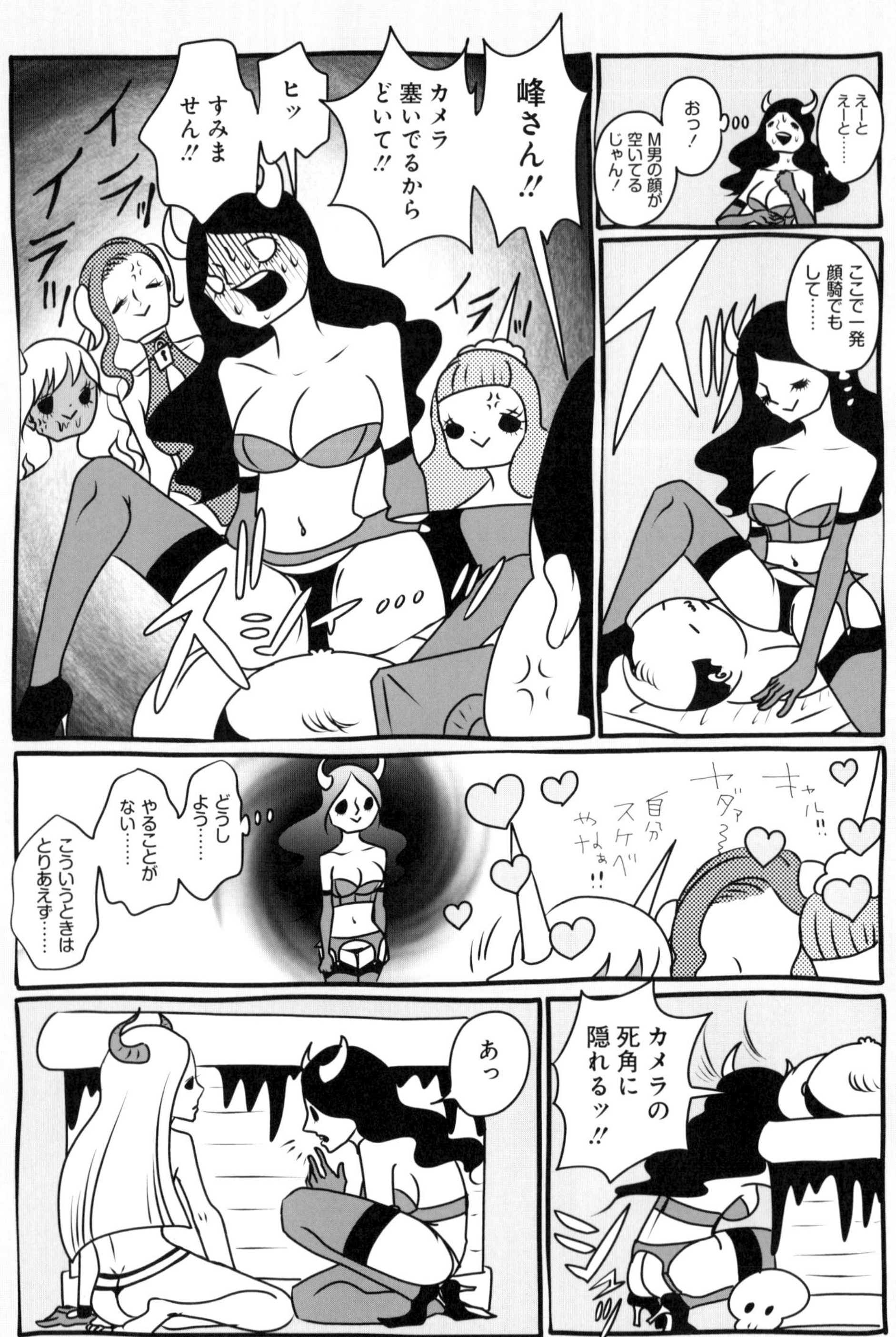
えーとえーと……
おっ！
M男の顔が空いてるじゃん！
峰さん!!
カメラ塞いでるからどいて!!
ヒッ
すみません!!
イラッ
イライラ
イラッ
ここで一発顔騎でもして……
キャル!!
ヤダァ〜
自分スケベやなぁ!!
どうしよう……
やることがない……
こういうときはとりあえず……
あっ
カメラの死角に隠れるッ!!

痴女さんもやることなくて隠れてるの!?
私も……
今のうちに他の女優さんのヒール脱がせて
ヒソ…
ズル
このあと挿入するときヒールのままじゃ危ないから
え……?
撮影中にそんな気遣いを……!?
脱がせたはいいけど
まだ前戯は続くし何をすれば……?
ス
そこで痴女さんは男優の上に仁王立ちになってエロいポーズを取りはじめた!!

え……
何してるの
この人……？
今エロ
ポーズをする
ことに何の
意味が……？
いや
待てよ!?
確かにメインの
カメラで全体を
撮ったときに
余白……
上の空間が
余っている!!
がんばって
フェラしてる
女よりも
立ってるだけで
一番おいしい
とこ独占
してる!!
スゲエーッ!!
コイツ……
いちおう
メインなのに
何もできないいん
だな……

この構図の撮れ高はもう十分だから
次はちんぐりだな……
エッチな格好ね♡
ひゃあ♡
恥ずかしいッ♡
アナル丸見えだよッ☆
見ないでッ♡
もっといじめてほしいの？
やめてッ♡
じゃあウチがケツ毛抜いたる!!
ギャッ！
それはマジでイタ……
Vol. 40
上島メソッド
コロリ…
勃ち待ち入りまーす!!
あ……
フンガ…

すみません……
僕顔と体型がM男っぽいっつーんでM男優やってるんですすど
本来の性癖は別にMじゃないんです!!
本当は内気な女子大生みたいのが好き…!!
しまむら
じゃあ私はシェフの作った麻婆豆腐丼食ってるんで勃起したら呼んでください!
あのさー仕事できないのは仕方ないとしてやる気もないのはさー
違うし!!
これはやる気とかの問題じゃないし!!
カメラ回ってないとこでエロ行為をするのは私の仕事じゃないし!!
そのために男優の勃ち待ちに協力するのもAV女優の仕事のひとつだ!!
違う!
私たちの仕事はとにかく今日の現場を早く終わらせること!!
でもさあ!!
で……っ!!

無銭フェラしたとこで
こいつフェラ下手だな～
あーあコレだったら自分でしごいたほうが早いけど
そんなこと言い出しづらいしな……
とか思われて双方辛い気持ちで無駄な時間過ごしてるかもしれないじゃん⁉
実際今も三人がかりで舐められてるのに
全然勃起してないじゃん⁉
……
あのね
私実は……
初めて会ったときからM男くんのことタイプだなって思ってたんだ……

芯!!
入りましたッ!!
バキュームフェラより耳元で一言囁くほうが効くなんて……
ハッ!
今のうちだ!
前戯ではちんこ係と乳首係が早いもの勝ちだったから挿入こそは一番乗りしなきゃ!!
と～っぴ☆
……
えっと……?
?
多くの女はセックスで自分が主導権を握ることに慣れていない
そういう初心者女性をうまく誘導するのがプロのM男優の仕事だ
ダメッ♡
乳首いじっちゃダメッ♡
特に左の乳首は敏感だから絶対にいじらないでッ♡
乳首いじりながら見せつけるように上下にゆっくり腰動かしたりなんて絶対ダメッ♡
説明しよう!
これは「○○するなよ」＝「○○して」という意味で使われるダチョウ倶楽部の上島メソッドである
押すなよ!?
絶対に押すなよ!?

そして上島メソッドを一切理解していない私!!

乳首らめっ♡

あ……乳首はダメなんですね

そんなに腰動かしたら……

らめぇっ♡

腰を動かすのもダメと……

しん…

も～!

なゆゆばっかりズルい～!

私にもおちんぽちょうだい♡

あっ!

ですよね! 代わりますね!

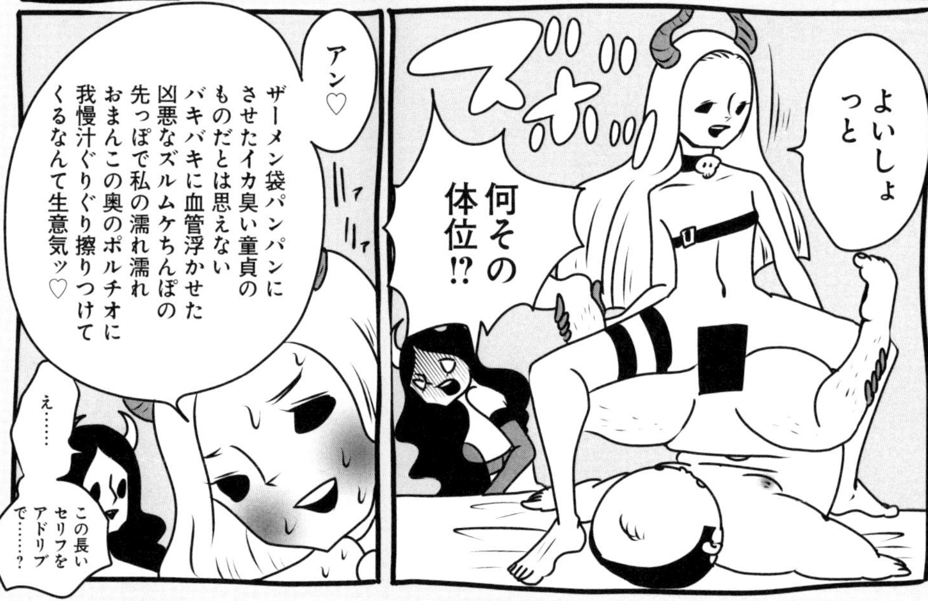

ひゃああ♡
ピュピュ…
出ちゃうぅ♡
いっぱい出たね☆
オッサン何日分溜めとったん？
クッサ!!
童貞の精液浴びると若返るわ～
まだまだザー汁絞り尽くしてあげるからね♡
そ……
そうだぞ!!
カットー！
休憩入りまーす
あの……っ!!
どうすればそんなに上手に攻めることができるんですか!?

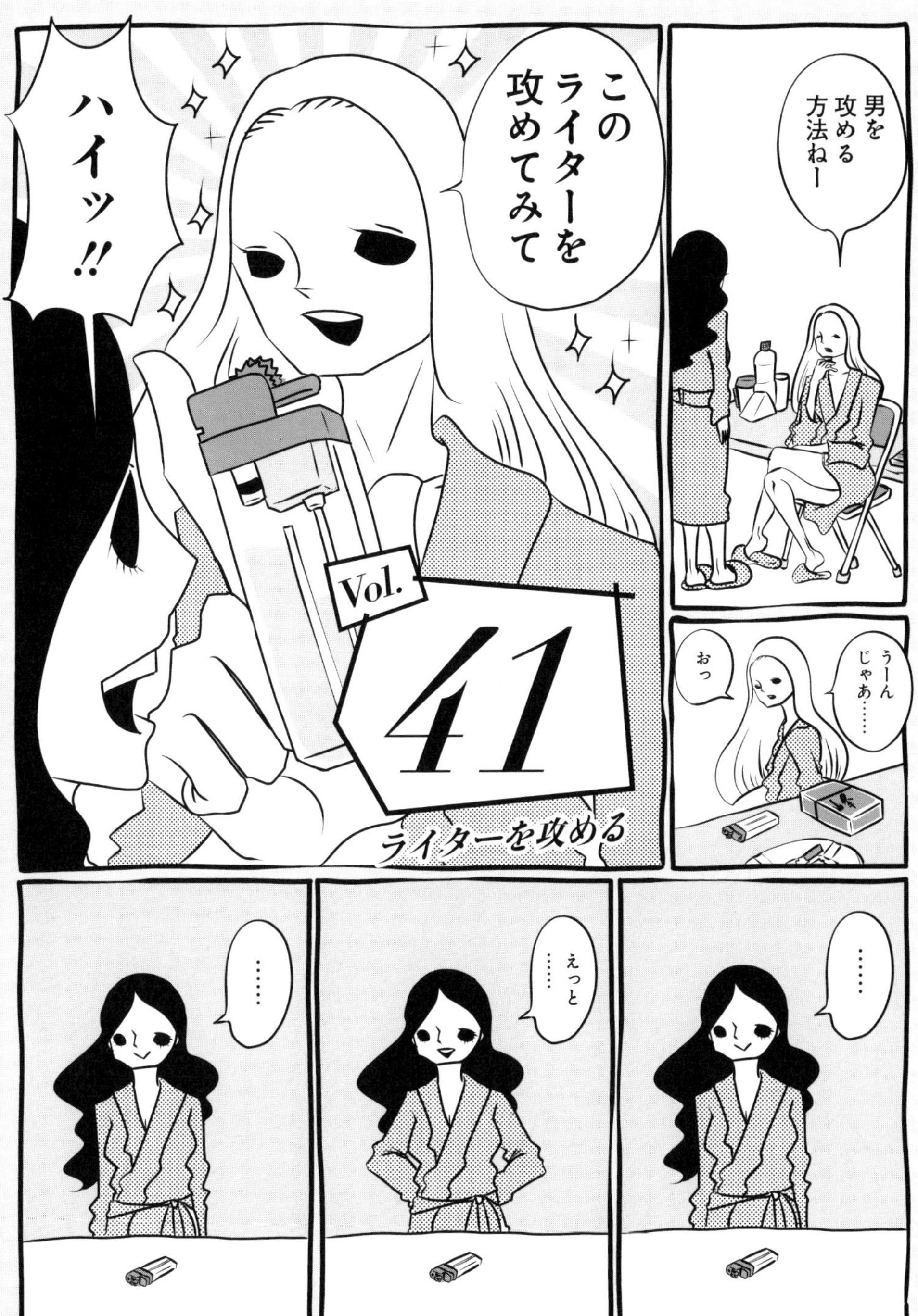
このライターを攻めてみて
ハイッ!!
Vol. 41
ライターを攻める
男を攻める方法ねー
うーんじゃあ……
おっ
……
えっと……
……

無理だよ!!
だってライターなんて動かないし喋らないし……
うっ…
それは汁男優も同じでしょ
貸して
やだぁ♡
中身がスケスケなんだけど?
いやらしぃ身体……♡
揺らすとどうなっちゃうのかな?
あっ♡
チャプチャプ言ってるぅ♡
ちゅぷっちゅぷっ
エッチな音止まんないね?

ここクリクリ
されるの好き
なんでしょ？
こんなこと
されて感じ
ちゃうんだ？
変態なん
だね～？
グリ
グリ
え？
もうココ
押して
ほしいの？
ココ
百円の
分際なのに
こんなとこ
押して
ほしいんだ？
ダーメッ♡
ちゅっ
ちゃんと
火力最強に
してからね♡

え？
なんかライターがエロい存在に見える……？
押しちゃうよ？
ここグリッて回してボタン押しちゃうよ？
押しちゃうよッ!?
ちゅぷぅ……っ
らめ……っ
カチ…
ヤダ～♡
すっごい火出てるぅ～♡
痴女さーんッ!!

今日の現場を早く終わらせるために
コイツに基礎知識を教えるのも私の仕事のうち——……
AV女優たるもの汁男優から冷蔵庫まで
なんでも攻めることができなくてはいけない!!
ハイッ!
じゃあ次はこのピーナッツを攻めてみて
ハイッ!!
えっと……
中身が……
……

あの……
ピーナッツは
透けてないし
火も出ない
から……
う…
それも
汁男優と
同じでしょ
貸して

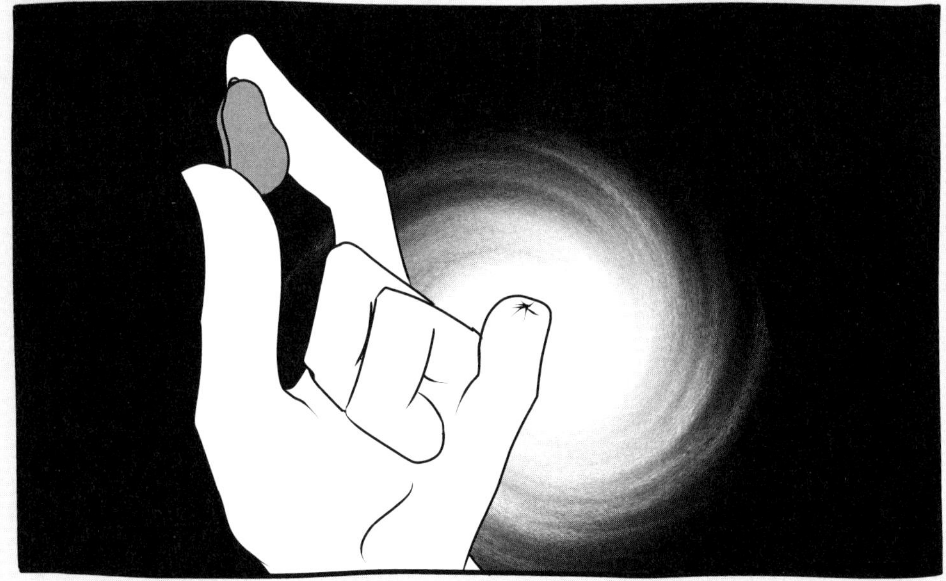

あっ！
猫!!
猫だ!!
おいで～
うまい棒だよ～！
その子はここらへんのボス猫でねえ
タマちゃんって名前なんだよ
へ～
タマちゃん！
かわい～い！
こっちに猫の赤ちゃんもいるよ
Vol.
42
小指のない女の子
え!?
猫の赤ちゃん!?
ここに……
ぺろ
どこに!?

ウワァ―――――!!
追ってきてないよね!?
ハァ
ハァ
ハァ
ジジイキモ!!
確かに!?
猫の赤ちゃんみたいに小さかったけど!?
アハハハハ!!
アハ……
ドゴーン
ウギャ―――――ッ!!!

ガチャ
あらあら まあまあ
ごめんな さいねえ
大丈夫⁉
大丈夫じゃ ないよ‼
ヒザめっちゃ 血出て……
指‼
指‼
ハッ
ハッ
指？
ゆ！
指イ――――‼

指!!
私の小指
探して!!
ドクドク
あっ!
コレじゃ
ない!?
もしもしー?
おじいちゃん?
あのね…
ちょっと車ぶつけちゃって…
えっと…
人に…
あの……
コレ
くっつき
ますか?
切断面こんな
ぐちゃぐちゃ
だと無理だよ
……
2か月後
見慣れない
な……
傷口も
ふさがったんで
今日からリハビリ
してもらいます
この小豆に
指を入れて
ください
え?
なんで
ですか?
ズボッ

ズギィーン!!
いったアアアア――!!
神経が途中で切れてるから痛いんですよ
今日は初日なんで1時間くらいにしておきましょう
は!? 1時間もコレやるの!?
そんなん無理……
ギャアーーー!!
いてぇーーー!!
そこは腕専門のリハビリ施設でいろんな人がいた
あらケンちゃん
今日学校は?
夏休み!!
3kg
先生~!!
見てください!
20キロ余裕でいけるようになりましたよ!!
20kg
左手はどこも怪我してないでしょう
まずは右手でこのボール持ち上げられるようにしましょうね

プラ…
う……
うえっ……
ぽち
ぽろ
ぽろ
おっ！偉い！
ぐ……っ
20kg
ズギィーン!!
アアアアー!!
ですよね！
一旦休憩入れましょう！
うぐ……
できるし!!
その調子！

トントン
Vol. 43
左手の手袋を外さない女優
痛くない
ミョ!
指が一本
なくなったあとも
私の人生に特に
変化はなかった
日常生活に
支障はないし
別に誰に差別
されるわけ
でもないし
あの……
指どう
したの？
ライオンに
食べられ
たんだ～
マジ!?
ムツゴロウと
おそろ
じゃん!!
左手の
薬指は無事で
よかった♡
アハ！
モデルに
なるのとか
興味ない？
事務所すぐ
近くなんだ
けど――……

この子なら単体イケるよ!!
いやAVとか聞いてた話と違うんですけど？
帰る!!
えっとごめんね！
この話はなかったってことで……
もう帰っていいよ！
なにそれ!?
いい！
顔もいいし
体も完璧……
指ないの!?
はぁ
ないですけど
ビデ倫の規則で障害者はAVに出しちゃダメなんだよ
障害者はAVに出しちゃダメ?

1993年
身体障害者男性の
初体験を撮る
ドキュメンタリー
AVとして
ハンディキャップをぶっとばせ!
〜ぼくたちの初体験〜
なる作品が
作成されたが
発禁になった

だから
AV出演は
できな……
できるし!!

指がないって
わからな
ければいいん
でしょ?
手芸わた

つめつめ

パッ

男子校の
修学旅行で
秘壺♡
案内!!
発射
オーライ♡
今月の
新作!!
淫乱
バスガイド

はめる刑事
わりきりマン派

女医
下野クリニック
下半身の悩みはおまか

金玉を鑑定させられた宝石鑑定士
痴女さん

3K女土方
痴女さん
キツマン！
キンタマ！
キケン！

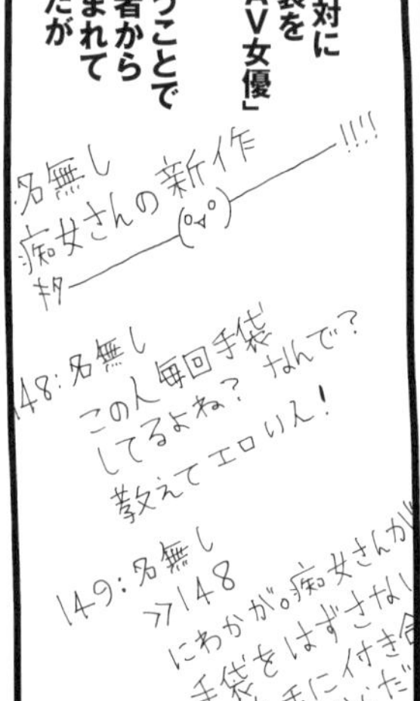

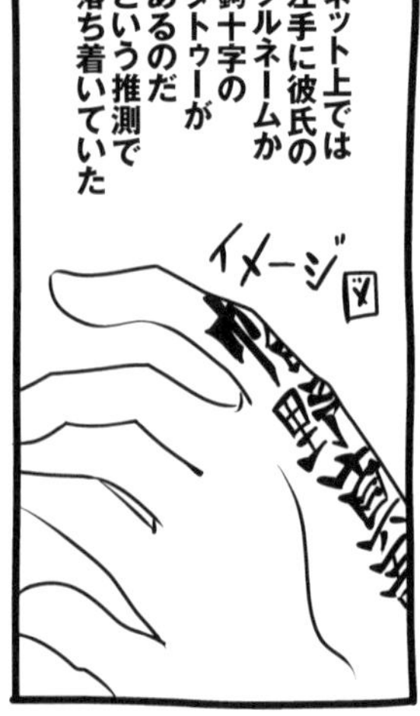

でもいくら
なんでももう
手袋はめる
コスにも限界が
来たぞ……？
嬢うぐいす
小池百
登山家
トイレ掃除の人
需要が高くて
手袋してても
違和感がない
ジャンル……
女王様だ!!
私にはあるようだった
才能が
フフッ……
ワレメを
見せつけてる
の……？
天職とは
こういうことを
言うのかも
しれない
ペロ…
ヤダ～
なんか
しょっ
ぱ～い！
へえ……
おまえバター
ピーナッツと
いうのかい？
贅沢な
名だね
今から
おまえの名前は
ピー！
ピー
だよ!!
痴女さーんッ!!
ハァッ
ハァ
ハァ
ハァ

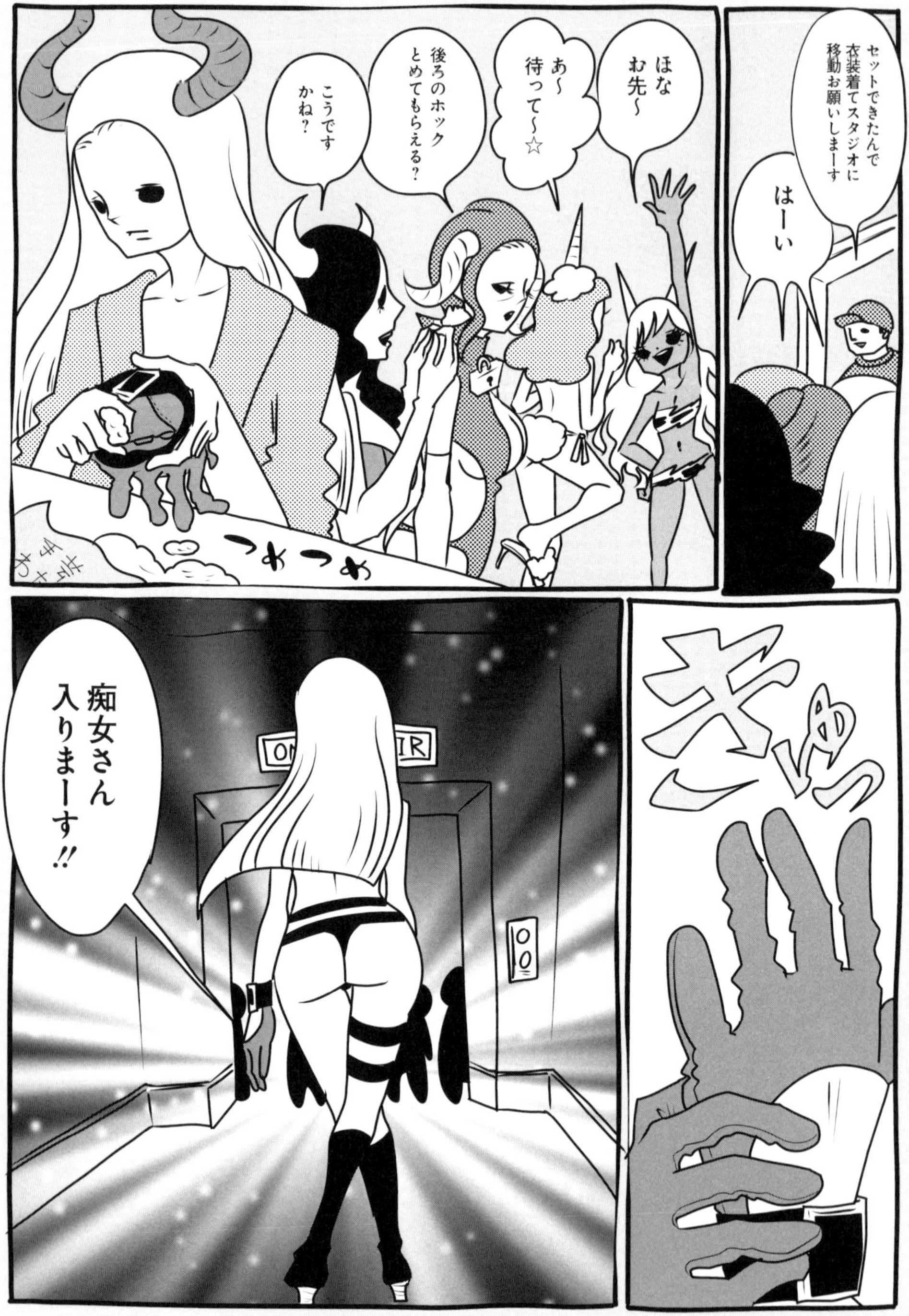

セットできたんで衣装着てスタジオに移動お願いしまーす

はーい

ほなお先～

あ～待って～☆

後ろのホックとめてもらえる？

こうですかね？

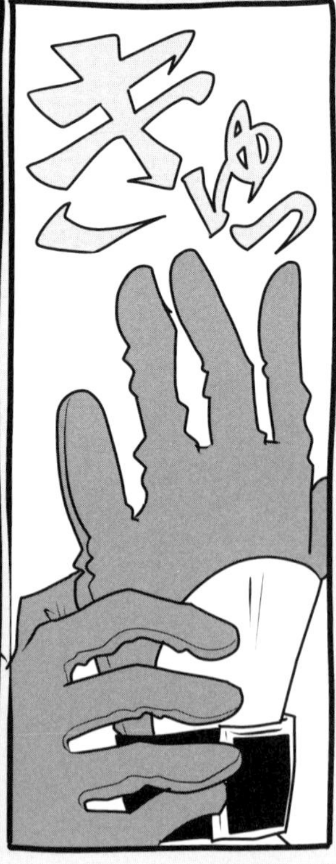

図解

Vol. 44

限界プレイ

ラストシーンは血の池地獄のローションプレイだ!!

食用色素で赤くしたローション

二酸化炭素

ドライアイス

ボコッ

ボコッ

ローションプールを作るために

この三日間AD君はずっとローションをかき混ぜ続けていたんだ!!

*2: ローション1

一気に混ぜるとダマになっちゃうから

ローションに少しずつお湯を入れて混ぜてまたお湯を入れて……

こうして洗面器一杯分のローションができたらプールに入れ

ビシャ

これを日に16時間

三日間やり続けていた!!

ハァ

ハァ

じゃあカメラ回しまーす!
まあ
血の池地獄だわ
みんなで一風呂浴びようか
チャパ
冷ッたアッ!!
ビクゥ
説明しよう!
ローションの主成分は冷えピタと同じだよ!
ポリアクリル酸ナトリウム
冷えピタ
ガクガクガク
すごい勢いで体温が奪われてゆく!!
パシャ…
あ~
いいお湯~♡
気持ちええなあ!
M男くんも入りなよ~☆
熱ッ!!
血の池地獄熱い!!
火傷しちゃう!!
そう?
丁度いい湯加減じゃない
茶番……
ブルブルブル

ついでにシャワーもかけてあげる♡
ひゃあ♡
熱いッ♡
おいしぃ♡ごくごく♡
どや!!
グイグイ
グイグイ
潮吹きの潮は女体の神秘の液体なのかただの尿なのかは度々論争になる
プシャアッ
アッ
尿道から出とるし尿とちゃう?
でも色は透明だし尿っぽい匂いもしないのよね
ていうか潮が尿でも尿じゃなくてもどうでもよくな〜い?
そう!
潮吹きで大切なのはとにかく派手にたくさん出すこと!!
そして水分を大量にとって膀胱がいっぱいになった状態のほうが潮がたくさん出るのは周知の事実!!
てことはやはり尿なのでは…?

ウチはもう6リットル飲んでんで！
私も～☆
2リットルペットボトル一気飲みした！
ポ
ポン
ゴク
ゴクゴク
腹痛目眩
あれ……？
フラ…
なんかお腹痛い……？
頭も……
水中毒だ!!
病院に連れてけ!!
バタン
ショワ～
え!?
白ギャルちゃん水しか飲んでなかったの!?
ミネラル不足にならないように常温の水とポカリを半々に混ぜたもの飲むのは常識でしょう
利尿作用あるコーヒーとかキュウリも摂取するとさらに出やすくなるよね～
そんな邪魔くさいことせえへんでも利尿剤飲むと早いで！
COFFEE BLACK
手作りAV女優水
ポイポイ
吐き気幻覚
ん……？
フラ…
死んだおばあちゃんが見える……？
脱水症状だ!!
病院に連れてけ!!
バタン
ショワ～

も～
みんな
自己管理
できて
無さすぎ
プンプン
あれ？
熟女さん
紫の口紅
塗って
たっけ？
え？
熟女さんの股間は
ドライアイスで
さらに冷やされ
続けていた!!
ドライアイス
あれ？
ここ
どこ？
フラ…
先生ー？
意識
障害
ガチャ
低体温
症だ!!
病院に
連れてけ!!
5人中
3人が
脱落!!
この三日間
ずっとハードな
撮影でみんな
体に限界が来て
いたんだな……
もう残った二人で
射精まで撮る
しかないね
ちょっと人数
減っちゃったけど
ラストだから
盛り上げてね！

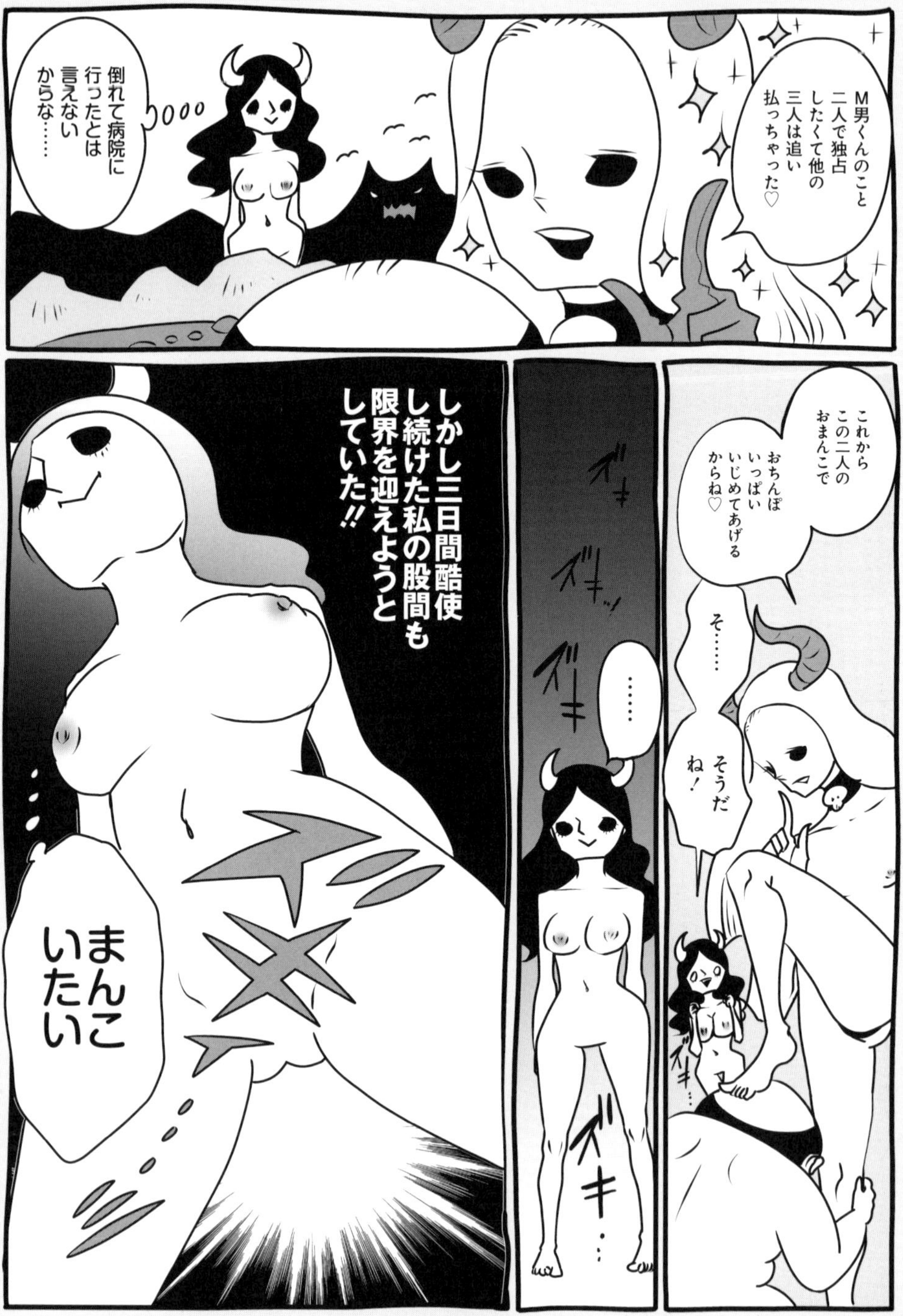

これからこの二人のおまんこでおちんぽいっぱいいじめてあげるからね♡

そ……

そうだね！

ズキ…

ズキ

ズキッ

ズキ

……

ズキ…

しかし三日間酷使し続けた私の股間も限界を迎えようとしていた!!

まんこいたい

Vol. 45
ボラギノールの用法・用量
私アソコ痛くなりやすくて～
私も～!
男って大きいほうがいいと思ってるけど痛いだけだよね!
私は指二本でも痛すぎて無理～
指二本が無理だったら ちんこ挿入もできなくないか? とは言いづらい空気…
……
一般人はまんこが痛くなりやすい＝膣の締まりがいいと思っているのである種の誉れとして使われがちだが
AV業界ではまんこが痛くなりやすいことは欠点以外の何物でもない
あの…… 私まんこ痛くなりやすくて……
え～? もう!?
は～……
じゃあピストン浅めにしときます?
いやそれじゃいい音出ないからさー!
でも女優さん痛がってると俺萎えやすいんで……
なのでまんこの強い女優さんは「鉄のようなまんこ」略して「鉄マン」と呼ばれて重宝される
ウチ鉄マンやねん!
オオッ!
しかし現在
ウチ…… 鉄マンやねん……
クポォ…
はーい点滴刺すんで動かないでくださーい

わたしフィストファック大好きなんです～♡
あのお腹がいっぱいになる感じはちんこでは味わえないんだよね♡
あ……
イク―――ッ!!
ズボズボ
じゃあ最後の仕上げにキュウリを挿入して……
ハーッ!!
ズボボボボ
ボキッ
というプレイができる現役ヨガ講師兼AV女優の言っていた
膣をゆるめることができない人は膣を締めることもできない
は至言だ
ちなみに私のまんこが虚弱な理由は膣の位置が平均より下の方についてるという性器の構造上
小陰唇の下部と竿の摩擦が激しいことが主な原因である
平均
私
ココがスレる
ちなみに膣圧はゆるめだよ!

五人だったら
ひとり頭の挿入時間は
短くて済むから
乗り切れると
思ってたけど……
もう二人しか
いないからまんこの
負担が2・5倍に
増えてしまった……
ズパンッ!! ズパンッ!!
また変な
体位をする
痴女さん…
私が派手な
絵面は一通り
やっといたから
後はなゆゆが
ベーシック
騎乗位で
フィニッシュ
までやって
フゥ
うん!
イ……ッ!!
ぐ……っ
ズボッ
アアー!!
ちんこ
太ッ!!
太すぎ!!
ちんこが
めっちゃ
擦れて……
ウワアーッ!!
ガク
ガク
いいね〜!
テンション
高いね〜!

もうイッていいよの合図
コク…
まだ無理そうですの合図
フルフル
クッソ!!
一回カット入れてください!
す……
すみません
いつもならもうイケそうな感じなのになぜかイケないんです……
ボラギノールを塗り足そう……
ボラギノール塗ってたの!?
うん! 局所麻酔成分が入ってるから……
知ってるよ!!
ボラギノール
さっきなゆゆのまんこ触った手でM男くんのちんこ触っちゃったじゃん!!
ほ〜〜ら なゆゆのエッチなとこよく見て♡
ボラギノール
ぷたぁ….
フフ… もう挿れたいの?
ボラギノール
ぬりぃ….

説明しよう！
ボラギノールはまんこの痛みを感じにくくなる効果があるが
もちろんちんこへの性的刺激も感じにくくなるので
ボラ
まんこに塗った後はちんこを触る前によく手を洗って必ずコンドームをつけて挿入してね！
早漏なことに悩んでいる男性はごく少量をちんこに塗ってみるライフハックもあるけど
普通～遅漏の人はイキにくくなるだけなのでやめよう！
にゅる
え……
じゃあ射精までどれだけハードピストンをしなきゃいけないんだ……？
このすでにボロボロのまんこで……？

そろそろ休憩終了でーす！
ガヤガヤ
ガヤガヤ
ああ……
またアレを挿入するのか……
オヨヨ…
ちょっと待って
私が挿入交代するからなゆは顔騎でもしてて
え……でも……
痴女さんは鉄マンなの……？
ううん私ももうけっこう痛い
それじゃあそんなのさせられな……
大丈夫
わたし痛いのには慣れてるから

AV向き
ビジュアル重視騎乗位
浅くしか挿入できないし膣も締めづらいのでフィニッシュには不向き
顔・胸・結合部の三点セットがよく見える
実用的!
省エネ騎乗位
膣圧もかけやすく初心者におすすめだが
結合部が見え辛いのでAV的にはイマイチ
両手両膝で体を支えられるので運動量が少なくて済む
Vol. 46
種の保存本能
最終手段!!
対遅漏騎乗位!!
両乳首をいじりながら足の力だけで体全体を支えて上下運動をする上級者向けの体位
高速でスクワットやるようなものなので体力の消耗が激しすぎて常人は10秒もできない
オラッ!!
オラッ!!
シュピピピッ
オラア!
痴女さん……

こんなん「私がやるよ」とか絶対に言えない!!
せめて私は一世一代の顔騎をするぞ!!
のしっ
顔騎の手順は
①顔面に股間を押し付ける
②男優が「ケツ圧で息ができないよお♡」というリアクションを取る
※本当は隙間から息できてる
ムグ!
ムググー!
ジタバタ
③顔面から股間を離したと同時に男優が大袈裟に
プハッ!
ハアハア!
と息継ぎをする
この繰り返しだ!!
でもそれだけじゃ普通の顔騎だ
こんなとき痴女さんならどうする……?
ヒャン!

アンッ♡
クリトリス擦れるぅ♡
よし!
M男くんの顔にローションをかけることで滑りを良くして
派手な顔面上グラインドが可能になった!!
ううっ! もう息が……
できな……♡
フフッ♡
もうダメなの?
あれ?
フゴ
ネチャア…ッ
ローションが鼻の奥と喉に絡んでマジで息ができないんだが?
さらにローションを足して私の体に濡れ感を出す!!
もっとヌルヌルにしてあげる♡
ゴポ!!
ケポポ!!
なあに?
もっとおまんこ舐めたいの?
ふご……
待……っ!!

ドプッ!
ゾ――――!!
(マジで息ができない!!)
アンッ♡
もっと♡
ヌルッ
ヌルッ
M男くんもいいリアクションしてくれてる～!!
ビクン
ガクガク
あれ……
目の前が白くなってきた……
俺……
死ぬのかな……?
キャハ
キャハ
リアルな死を予感したM男くんの体は
かつてない勃起を見せた!!
ギン
種の保存本能!!!
このちんこの硬度……!!
ピーン!

今だ!!
ドスズス
ドドッ
カットー!!
ヨッシャ～!
ヤッタ～!
ゲポ!
ケハッ!
ケー――ッ!!
パチン!
あれ?
M男くん
どうしたん
ですか?
ピュピュ……
お疲れ
ちゃん～!
これで終わり
だから荷物
まとめてね～
あ……
うん……
もう痴女さんと
会う機会もないん
だろうな……
ちょっと
さみしい
な……
AV女優は自分の
マネージャー以外の
AV業界内の人間と
連絡交換することを
禁じられている
絶対
連絡先交換
しちゃダメ
だからね!
監督とか男優は
まだわかるけど
AV女優同士も
ダメなの!?
なんで!?
AV業界の
伝統的な
しきたり
なんだよ!!
3年D組
ヤリマン
百瀬さん
とにかく!!
絶対ダメ
だからね!!

それじゃあ私
お先に……
なゆゆ煙草
忘れてるよ
あっ
それはもう
中身入って
ないんだ～
煙草
忘れてるよ？
スッ
峰
パカ
090-
峰
ピポ
パポ
プルルルル○○○
もし
もしー？
なゆゆー？
これから
飲み
行こうよ
う……
うんっ!!

Vol. 47
治安の悪い女子会
カラオケ&パーティー
お待たせ～!
あれっ 黒ギャルちゃん もう大丈夫なの?
せや!! ブドウ糖打ってもろてピンピンやで!!
どこ行く?
もう和民くらいしか空いとらへんな
おつかれ～!
カチッ
フェラ中ずっと気になってたんだけどさ
M男くんってもしかして包茎手術してる?
ちんこの色途中から変わりすぎだよね
もともとはドリチンやったらしいで!
となりの席の女……
なんか エロい話を デカい声で してますね…

あとさー！
AV女優だって言うとみんなすぐギャラ聞いてくるのムカつくことない!?
あー第一声で聞かれるね
自分年収いくらなん？って聞き返したなるわ
ワイワイ
だよね～！
…AV女優なんですかね？
…AVっ？
あ……
私AV女優になって一年以上経つのにこういう同業者あるある話するの初めて……
超楽しい……
トクン
ちなみになゆゆはギャラ一本いくらなのー？
150万だけど
カーッ!!
マジかよ～!!
私40万しかもらってないいんですけど!?
説明しよう！
単体は月に一本しか出せない契約だけどキカタンは仕事が入るだけ何本でも出演できるので
凡庸な単体女優よりかは人気のあるキカタンのほうが全然稼げるよ！
でも痴女さん先月何本出たん？
10本
10本って……
月収400万ってこと!?
なんだよ～！
キカタンのほうがいいじゃん～!!

ウチな！
先月は無修正出まくって月収一千万超えたでぇ!!
え……
一千万??
それまでの無修正ビデオはメーカーが潰れたときに
社員たちが退職金代わりにマスターテープを持ち逃げして勝手に売り捌いていたものだったが
もちろんAV女優には一銭も入らなり
裏ビデオ宅配
生ハメ流出!!
完全無修正!!
5本セットで1,0000～
24時間電話受付
739-0508
このころはオリジナルで無修正のAVが作成され配信サイトで荒稼ぎをしていた
完全無修正
【無修正】【中出し】
人気キカタン女優黒ギャルちゃんの汚まんこが見られるのはこのサイトだけ！
会員登
アメリカンポルノじゃなくて日本人の無修正が観られる!?
しかもあの現役AV女優の生まんこが!?
課金課金!!
無修正はギャラ二倍以上になるからね
マスターテープ持ち逃げされる前に二人とも出とかんと損するで!!
……無修正って日本だと犯罪じゃないの？
海外に会社作って海外のサーバーから配信しよるからなんも問題あらへんで！
でも無修正だと基本ゴムなし中出しでしょ？
私 中出し解禁してないからなー

でもギャラが二倍なら……
ん？
これ何の匂いだろ？
もわ
あ〜
これ？
ウィード
カチッ
ホッピーのナカと〜 串盛り!!
ハイッ！ タレと塩は？
タレ!!
ちょっと!!
和民でマリファナ吸うのやめなよ!!
そろそろお勘定やな
じゃあ150万円の峰さんお願いします！
ウィ〜〜
私が一番月収低いじゃん……
飲みのとき財布の中に金入れてたら
酔い潰れたときに友達にパクられちゃうじゃん
常識やで！
も〜
冗談だよ〜
ワリカンね
ウチ万札しかあらへんで
二人とも変なとこにお金入れてるんだね？
？
ごそごそ

クッソ治安悪いな……
私ドンキでファンデパチって帰るけど行く～？
ウチちょうどヴィトンのビーサン欲しかってん!!
なんか底辺女子校時代を思い出して和む～!!
マネ君～
私も無修正出たいんだけど
は!?
ダメだよ!?
だってギャラ二倍なんでしょ？
ダメだ!!
あれは危ないからうちの事務所はやらねー
でも海外のサーバーから配信してれば大丈夫なんじゃないの？
それは建前上の話で……
こういう知恵をつけられるとめんどいから
AV女優同士で連絡先交換するの禁止にしてあんのにな……

ちなみにその頃
黒ギャルちゃんの事務所は
無修正AVを販売した件で
起訴され
黒ギャルちゃんも
しばらく留置場に
入ることになった
ガシャーン
ねえねえ
みんな何で
捕まった
の～？
私
シャブ！
私も
シャブ！
私も
シャブ！
ウチは
無修正AV
出演！
804番って
AV出てる
の!?
ざわ…
えっ
こわ～い
それって
ヤクザとか
関係してる
の？
みんなは
炙る時の
アルミホイル
何使ってる～？
私は
三菱!!
やっぱ
三菱
だよね！
百均のと
全然効きが
違うよ!!
ワイ
ワイ
へえ……
シャブ
かぁ……
ごくり…

Vol.48
じゃあさ～
せめてキカタンになってもっと撮影したい♡
全裸もまたファッション
ダメだよ!!
家事代行おばさんに脚ハメ
そういえば私は学生でもあった!!
土日
AV撮影
サイン会・取材
キャン♡
キャン♡
ズボズボ
平日
授業&課題制作
ズボッ!
キャアーーー!!
先生～
峰さんがミシンで指縫ってます～
つーかさあ
平日は学校あるから月に一本出るのが限度っつってたの峰さんでしょ
ハ!!
服飾専門学校生は
中高と手芸部でした♡
将来の夢は専業主婦♡
子供に手作りのお洋服とか作ってあげた～い♡
というほっこり手芸層と

慶応在学中に自分が本当にやりたいことはファッションだと気づいて
基礎だけ学んだらアントワープ王立アカデミーを受験します！
東京藝大行きたかったんですけど三浪して……
という意識高い層で分断がある
あいつゲイらしいよ
ヒソ…
マジで⁉　ゲイなの⁉
僕パッと見てゲイだからさあ
？
え？パッと見てゲイなの？
世界の有名男性デザイナーはほぼ全員ゲイ‼
ゲイだって聞いたらアイツの作品が急にすごくモードに見えてきた……
やはりゲイじゃない俺には才能がないのか⁉
普通…
ほら髪も長いしスカートとかはいてるし……
それはこの学校の男子ほぼ全員そうじゃん？
一般社会ではまずゲイだと思われるんだよ‼
ロン毛スカート男子の巣窟……

それでゲイでも浮かない業界って言ったら美容か服飾だから
どっちもそんな興味ないんだけどこの学校入るしかなかったんだよね〜
ハ〜ボタン付けきら〜い
ねえねえ!! 番号交換しようよ!!
私もッ!!
というマイノリティ＝オシャレでかっこいい!! 的な思想があったため
私のAV出演もほっこり手芸層には嫌悪感を持たれつつも
峰さんってAV出てるんだって!
えー!? 信じられない!!
あと隣のクラスのギャルっぽい子はキャバクラで働いてるんだって!
えー!? 信じられない!!
ギャミ ギャミ
意識高い層にはオシャレ扱いを受けていた
全裸もまたファッションだよね
自身の性行為を不特定多数に発信するというコンセプチュアルアートでもあるね
あっ
放課後みんなで根津美術館の狩野派・土佐派展行かない?
ごめん
私このあと用事あるんだ〜
痴女さーん!
黒ギャルちゃーん!
遅刻〜!
10分につき罰金千円やで!!
学校の子よりAV女優友達といるほうが楽しいんだよな……
今日は黒ギャルちゃんの出所祝い合コン〜!
合コンやのになんやなゆゆのけったいな格好は!
学校帰りなんだよ〜!
着替えるから待ってて!

服飾専門学校生の標準的な服装
全身黒で複雑な形の服
首からメジャー
手首に針山
中指に指ぬきで常に制作に没頭しているアピール
武蔵美の友人にもらった設定のバッグ
MUSABI
AV女優として合コンに参加するときのAV女優の私服風コスプレ
イェーイ!!
LA
合コンには不自由しない人生を歩んできたが
底辺女子高時代
鳶職
DJ
松茸が生える山を持っている
ええ～♡
あの底辺女子校と合コンできちゃうの～♡
恋のから騒ぎ時代
医者
弁護士
パイロット
ええ～♡
現役から騒ぎメンバーと合コンできちゃうの～!?
そしてAV女優時代
アイドル
俳優
スポーツ選手
ええ～!!
AV女優と!?
合コンが!?
できちゃう!?

AV女優という肩書きが合コンで最強のカードだった!!
俺のターン!!
AV女優
ATK3600
DEF1400
女子アナとかと普通に知り合える層の男でも
「AV女優」という響きにはまた別のロマンを持っている
下ネタもボディタッチもすべて許されそう!!
すぐにヤラせてくれそう!!
やっぱ男なら!!
死ぬまでに一度はAV女優とセックスしてみたい!!
そして私たちは期待を裏切らない働きをした
駆けつけ一発芸〜!!
なゆゆのアヘ声の真似しまーす!
キャン♡
キャンッ♡
キャヒィン♡
似てる……
なゆゆってはたかれた子犬みたいなアヘ声やんな!
じゃあ私はエアーフェラチオしまーす!
頭の動きに合わせてほっぺの内側に舌を押しつける芸
グリッ
グリッ

じゃあ
ウチも！
まずは
タンポンの
中身を
取り出して
スルッ
筒のみを
挿入し
先端を
お冷につけ……
ハアーッ!!
ちゅるるるる
ひえっ！
水が
吸い込まれ
ていく！
クフーッ!!
ちょぽぽっ
ひえっ！
出てきた!!
ハイッ！
イッキ！
トプゥン……
いや……
これなんか
濁ってるし……
イッキ!!
イッキ!!
俳優くん
のッ！
ちょっと
いいとこ
見てみたい！
それ
イッキ！
イッキ!!
ワーワー

じゃあ私
家で彼氏
待たせてるから
もう帰るね〜
ウチも
もう空港
行かな！
明日から
マカオで
ストリップの
出稼ぎやねん！
このあとさ
二人でバーで
飲み直さない？
ん〜
わたし明日
早いからさ〜
だからバー
じゃなくて
私の家近いし
ササっと行って
セックスしない？
します!!
Vol.
49
お米炊いたよ！
チュン
チュン…
朝だよ〜！
お米
炊いたけど
食べる？
パカ
え……
米を
炊いた
の……!?
うん！
納豆も
あるよ
ネギ
まで……
自分で
切ったん
だ……？
ホロリ…
そうだけ
ど……
米と納豆を
出しただけで
この反応……

世間一般でのAV女優はこういう印象なのだろうか……？
ハァ～!?
米の炊き方なんて知らないんですけどぉ～
ヤダ～！
米なんて研いだらネイルが欠けちゃう！
プリィ
これなんて読むの？
たき……
めし……？
そして雨の中で子犬を拾うヤンキー現象が起きる!!
悪印象
ちょっといい面
すごくいい印象!!
お前一人ぼっちなのか
ハハ……
俺と一緒だな……
ワゥ～ン
トクン
アイツ……
ただの不良だと思ってたけど意外と優しいとこあるんだ……
ひろってください
お米炊いたよ～！
納豆もあるよ！
トクン
アイツ……
ただのAV女優だと思ってたけど意外と家庭的なとこあるんだ……
パカ
私このあと撮影行くから食べたら帰ってね！
撮影って……
AVの？
そうだよ！
ガタッ
お……
俺以外の男とセックスするってこと……？
？
そうだよ！

い……
ガッシャン
イヤだっ!!
ハ!! わかった!!
俺と付き合おう!!
そしてこんな仕事はもう辞めよう!?
えっと……
早く帰ってほしいんだけど……
ピンポーン
ピンポンピンポンピンポーン
峰さ～ん!!
起きて～!!
ガチャ
あれ?
新しい彼氏さんですか?
違うよ～
昨日合コンで会った人
へぇ～
この女、性欲ゾンビ
じゃあうちの峰はこれから仕事なんで
お引き取り願えますか?
圧

私さ～
AVに出たらもう彼氏作るとか結婚とかできないと思ってたんだけど
結構みんな普通に交際したり結婚したりするもんなんだね？
今度彼女の両親に挨拶行くことになっちゃって～
AV男優
俺の嫁？元AV女優だよ！
自慢気
超売れっ子だったから!!
AV監督
シコシコ
人気あるのに急に引退する子は大体結婚が理由だよ
禁断の恋みたいな感じでむしろ盛り上がっちゃったりするみたいッスね～！
つっても結婚前に身辺調査するような家柄のいい人とかには避けられるのかもしんないけど……
あの……
シク……
ところでイケ男くんまだ勃たないの？
これマネ君には絶対内緒にしといてほしいヤツなんスけど……
そもそもそんな家柄のいい人はAVに出ていようが出てなかろうが山出しの専門学校生とは交際しない!!
俺……
この間から痴女さんと付き合ってるんスよね……
へへ…

ティッシュ忘れてるよ?
あ
それ鼻かんだやつなんで……
ティッシュ
忘れてるよ?
ズバ
カサ……
090-8632-
痴女さんの家で待たされてた彼氏って新人くんのことだったのかよ!!
AV女優が他の事務所の人間と交際とかヤバいヤツなんでは……?
そうなんス!!
だから絶対内緒ッスよ!!
キャホキャホ
禁断の恋エンジョイ態勢
峰さんオールアップで〜す!
今日の撮影テッペン越えちゃったね!
ごめんね!
テッペン越えたっつーか……
朝じゃん!!
今日は学校あるのに!!
また遅刻だ!
自転車通学

キュ〜〜ッ
遅刻・早退届
名前
理由
高梨
寝坊
遅延
加賀
ねぼう
峰
撮影
よし！
毛モジャ！おはよ〜！
一限って何やったの？
おはようございます
一限目は次の課題の説明がありました
何やるの!?
提出日は!?
レザースカートを1着でとりあえずデザイン画を今週中に提出とのことです
詳しくはいつものように峰さん用にメモしておきました
ありがとう毛モジャ!!
隣の席のヤツがAV女優にも優しい意識高い層で良かった……!!
ねえねえ
毛モジャはマックィーンのSSもうチェックした!?
はい 今季はいささかスノッブでしたね
峰さんにちょっと話あるから
一人で裏庭来てくれないかな？
そしてAV女優に厳しいほっこり手芸層から突然の呼び出し——……
え……
なに……？

Vol.50
偏差値30よりバカ
えっと……
話ってなに？
あのさ
せ……っ
生理が来なくて……
なんだいきなり⁉
つーかなんで私に言うの？
私たち別にあんま仲良くないっつーか……
君いつも友達と私の悪口言ってるよね⁉
峰さんまたあんなに胸元出して……
はずかしくないのかなー？
峰さんならこういうの詳しいかなって思って……
詳しくねーよ‼
ちなみにコンドームはつけてた？
つけてない
つけなよ‼
あんなの恥ずかしくて買えないよ〜
……
……妊娠検査薬はやった？
やってない
やりなよ‼
あんなの恥ずかしくて買えないよ〜
……

底辺女子校ではクラスメイトがボコボコ妊娠するため
一人一本配られたすりこぎにコンドームを装着する授業まであったほどだったのだが
そこ！
液溜めに空気が入っとるよ！
口でつけると歯が当たって破れるでだめや!!
ゴロリ……
妊娠したら退学やでもう学校来んくていいしラッキ～☆
ウチのオカン16歳で私産んどるで私も16までに子供産んで
オカンを32歳のばぁばにしてあげることが夢なんや～！
という妊娠したいタイプの子たちが積極的に避妊をしないことを選んだ結果の話で
高校くらいは卒業しときたいでゴムは絶対つけんならん
みんなで業務用コンドームまとめ買いして分けん？
分ける～！
という妊娠したくない派の子は常にコンドームを携帯していた
うすうす
なので東京に来てから出会った女子たちの感覚はマジで謎だった
ヤダ……
いま妊娠してたら……
そんなの絶対イヤァッ!!
妊娠は絶対イヤなのに避妊はしないって……
バカなのかな？
偏差値30よりバカなのかな？

ハイ
買ってきたから今やろ
うん……
ジャー
ガチャ
えーと
陽性ってなってるんだけどこれって絶対じゃないよね？
ん〜
99％以上の正確さって書いてあるね
どうしよう……
中絶って痛いの？
もう妊娠できなくなる？
知らんけど……
知らんけど
でもコイツ
別に仲良くない私くらいしか相談する人もいないんだよな……
ハ…
赤ちゃんは？
赤ちゃんも痛いのかな？
あっ
なんか気持ち悪い
ウプッ

とりあえず
今日は早退して
近場の婦人科
行きなよ！
え……
婦人科なんて
行ったこと
ないし怖い……
じゃあ
付き添う
から!!
あと女医さん
じゃないと
絶対にイヤ……
わかった
よ!!
女医さん指名
できるとこ
探すから！
あと……
いまお金
なくて……
中絶って
いくらくらい
かかるの？
いい加減に
してくれ！
これ貸すけど
返してよね!?
毛モジャ～！
私ちょっと
今日用事できて
早退するから
先生に伝えといて
あ
峰さん
隣のクラスの
髪がピンクと
水色の方が
探してましたよ
え？
誰だろ？
あの……
生理が
来なくて……
また……？
「AV女優だから
中絶に詳しいだろう」
と言う理由での
相談は後を絶たず
生理中なら
妊娠しないって…
外出ししてたん
だけど…
彼氏が
種ナシ
だって言うから…

実際に私は中絶に詳しくなっていった
中絶は22周目まで！
早ければ早いほど母体への負担が少ない！
産婦人科だと幸せ妊婦さんも同じ待合室で辛くなるらしいから婦人科一択!!
中絶博士
この病院は手術後にケーキと紅茶を出してくれるサービスがあるらしい!!
いつでも中絶費用を貸せるように財布に常に20万円入れている！
心身ともに負担の多い中絶予定の女にプロミスで借りてこいとか言うのはかわいそうすぎるが……
友達でもないヤツに返ってくるかわからん金を貸すしかない私もかなりかわいそうなのでは……？
返してね？
貸した金は返ってこない覚悟はしていたものの
これとりあえず全財産の8万円！
残りの半分は今週中にター君にもらってくるから！
ター君半額しか出さないのかよ……
全員時間はかかっても全額返済してきたのでちょっとびっくりした
あの……
ター君に妊娠したって言ったら連絡取れなくなって……
残りはバイト増やして少しずつ返すから……
ター君……
半年後
最後の一万円！
これで完済！
おめでとう～!!
あの……
これ今までのお礼なんだけど……

実家でとれた無農薬レモンを使用した手作りクッキーと
私のイニシャル入り手編みレースハンカチ紅茶染め
THANK YOU
……ちゃんとしてんな〜!
カサ…
もぐ…
こんなにちゃんとしてる子が……
なぜ避妊だけちゃんとできないのか……?
ねえねえ
毛モジャは女の子妊娠させたことあるー?
ないです
16世紀数学的音楽理論
あれ?毛モジャは?
ここって毛モジャの席ですよね?
はい
僕の席ですが
キョトォ…
え……
毛モジャ……?

毛……
毛モジャ……!?
おまえ……
モジャ…
BEFORE
AFTER
おまえ本体はそんなだったのかよ!!
Vol.
51
恋は、まだ知らない。
アレ?
毛モジャヒゲ剃ったんだ～
つーかなんで今まであんなにヒゲ伸ばしてたの?
人体の一部である体毛が切られた瞬間から人体ではない何かと認識されることに疑問を抱きまして
へえ……
よくわかんないけど……
ちょっと!!
毛モジャってめっっっちゃイケメンだったんだね!?
イケ……
メン……?

ヒゲ剃っただけで普通の顔では？
少なくともイケメンではないよね……？
どちらかというとブサ……
え？
え？
のペ…
みんなにはこのように見えるらしい
なゆもちゃんと見てみなよ
うん
ゴシゴシ
いやいやあんなの絶対童貞でしょ
アホーッ!!
エロい女子高生と貞淑な人妻をダブル調教してるに決まってるね!!
な!?
童貞です
ダメッ!!
こんなイケメンすぐジャニーズに誘拐されちゃうよ!!
童貞なのにこの色気……!!
どういうこと!?

服もアレ…ユニクロじゃない?
アホーッ!!
一見無難な服装に見えて実はマルジェラとか着てるパターンに決まってんだろ!!
な!?
ユニクロです
ところでこのクラスで一番モテる読モくんなんだけどどう思う?
へえ
読モくんってモテるんだ?
なんで?
ユニクロをあんなにかっこよく着こなせるなんて……
やはり神に選ばれし人間なのでは……?
じゃあV6の中では誰が一番かっこいいと思う?
トニングセンチュリー
リーダー
松潤
ドラム
V6
えーと……
ドラムの人……?
じゃあ毛モジャ見てどう思う?
のぺ…
超―――ッかっこいいッ!!
うーん…… これは……
なゆゆの頭がおかしくなった
恋してるんじゃない?
恋?

恋
パーンッ
今までセックスばかりに忙しくしてきて恋とか……
もしかして今までしたことなかったような……？
15歳で初体験。19歳でAV出演。
恋は、まだ知らない。
毛モジャ！あのね！
はい　なんでしょう
のペ…
待って？恋をしたら……
まずどうすればいいの？
とりあえず連絡先交換じゃない？
わかった！連絡先交換ね！

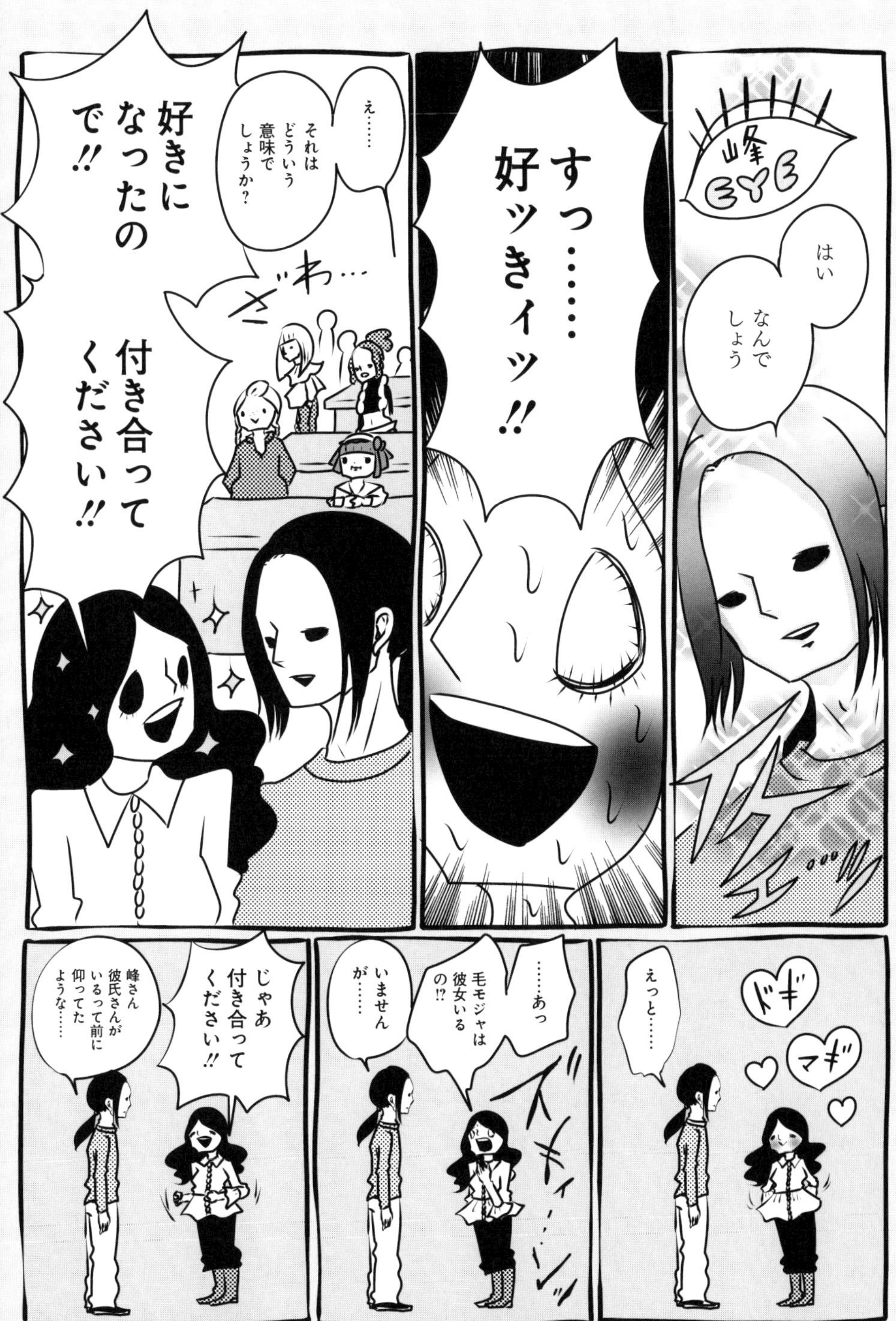
峰EYE
はい
なんでしょう
すっ……好ッきイッ!!
え……
それはどういう意味でしょうか?
ざわ…
好きになったので!!
付き合ってください!!
ドギ
マギ
えっと……
……あっ
毛モジャは彼女いるの!?
いませんが……
峰さん彼氏さんがいるって前に仰ってたような……
じゃあ付き合ってください!!

そういえば私には彼氏がいた!!
サプリ販売会社経営(28)寝取られ好き
俺の彼女? 峰なゆかって言うんだけど知ってる?
俺の女で全国の男がシコっている……
アンッ アンッ♡
うっ……
興奮するッ!!
プルルルル!!…
もしもし~?
ごめんけど別れたいんだよね~
ごめんってば~! じゃあこれ切ったら着拒するね!
ピッ
今!! 今別れたから!!
ワイ
ワイ
これで私は晴れて彼氏ナシになったので改めて……
スッ…… 好ッきィ……ッ!!
はあ
だから付き合お!!
いいでしょ!?
ね!?
ね!?
ね!?
は……
はい……

to be continued……

取材・文／アケミン　撮影／加藤 岳

峰なゆか 真鍋昌平

特別対談

世間から「クズ」と言われる人間たちを描き続ける二人の作家が考える「モラル」とは

峰なゆか

漫画家。女性の恋愛・セックスについての価値観を冷静かつ的確に分析した作風が共感を呼ぶ。『アラサーちゃん 無修正』（全７巻）、『アラサーちゃん』（KADOKAWA）はシリーズ累計70万部超のベストセラーに

×

真鍋昌平

漫画家。神奈川県茅ヶ崎市出身。社会の底辺にいる人々の生活や心理を克明に描き続ける。代表作『闇金ウシジマくん』はドラマ化・映画化もされた。現在『ビッグコミックスピリッツ』で『九条の大罪』を連載中

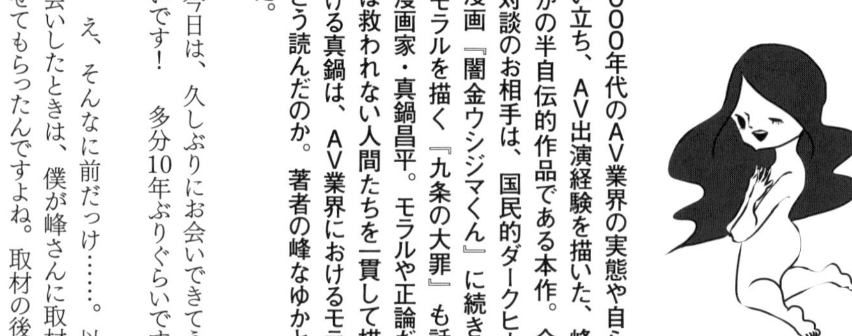

2000年代のAV業界の実態や自らの生い立ち、AV出演経験を描いた、峰なゆかの半自伝的作品である本作。今回の対談のお相手は、国民的ダークヒーロー漫画『闇金ウシジマくん』に続き、法とモラルを描く『九条の大罪』も話題の漫画家・真鍋昌平。モラルや正論だけでは救われない人間たちを一貫して描き続ける真鍋は、AV業界におけるモラルをどう読んだのか。著者の峰なゆかと語った。

峰　今日は、久しぶりにお会いできてうれしいです！　多分10年ぶりぐらいですよね。

真鍋　え、そんなに前だっけ……。以前お会いしたときは、僕が峰さんに取材をさせてもらったんですよね。取材の後、飲んでいたら峰さんがものすごく怖い顔

で、「死にたい」って話していて……。

峰　わ〜！　なんか、私、そのころめっちゃ病んでましたよね！

真鍋　その後、ご結婚されてお子さんが生まれて、状況も変わりましたか？

峰　今は毎日、イキイキライフを送っています！　仕事の合間に子どもちゃんを見るのが、最高の休憩タイムですね。今日は、子どもちゃんが熱を出しちゃったんですけど、夫が仕事を早退して保育園に迎えにいっているところです。うちは、家事も育児も夫が大体全部やるシステムなんです。

真鍋　すごいなぁ、めちゃくちゃいいパートナーの方ですね。今、子どもを産もうか迷ってる人にとっては、すごく希望になる話だと思います。

峰　夫のことは、結婚前からベタぼれしていたわけじゃなくて、ずっと「いいヤツだな〜」くらいの感じだったんです。でも、子どもが生まれてからガラッと変わりましたね。3秒に1回くらい「死んでない？」と赤ちゃんが息をしているか確認して、夜中も起きてずっと面倒を見ていて。その偉大なる父ぶりに「なんて素敵な男なんだ!!　しゅき♡」ってなりました（笑）。

真鍋　いやあ、よかった。実は10年前に峰さんが「死にたい」と言っていたことがずっと心に残っていたんです。そして今回、改めて『AV女優ちゃん』を読んで「ああ、あのとき峰さんがそう言っていたのは、こんな状況があったからなのか」と思いを巡らせました。

峰　そんなこと思ってもらっていたんですね！

真鍋　これは第1巻の話になるんですが、僕、峰さんがAV女優になるまでのストーリーがめちゃくちゃ好きなんですよね。中学時代に女として扱われていなかった状況から、高校でギャルになって、女を商品化するまでの葛藤がすごく良

一方私が男子たちにつけられたあだ名は「ゴリ」「ゲソ」「ドブ」だった
おいゴリ！
雪かき当番代われや!!
ゲソ!!

中学時代は地味な見た目で、周りに「ゴリ」「ゲソ」「ドブ」と呼ばれていた（1巻より）

地元で一番偏差値の低い底辺女子校に進学し、見事ギャルへと変身を果たすが……（1巻より）

SHOHEI MANABE

かったです。あとは、サイン会にやってきた脚の不自由な男性が、AV女優の峰さんを罵倒してきたり。「人は自分よりも立場の弱い人間を叩く」と悟ってから、過去の話に入っていく展開も秀逸ですよね。何か偉そうですみません。

峰　わ～！　うれしいです！　あのシーンは自分でも「私、めっちゃ漫画の展開の切り替え上手じゃん！」と思ってました（笑）。そして「きっとこれ、真鍋さんも好きだろうな」とも思っていましたね。というのも私、クズい人間って昔から好きというか、なぜか興味があるんですよ。クズ、という表現をしますが、あんまりいいとは言えない環境に生まれて、悪い奴らが周りにたくさんいて、自分からダメになろうとしている人、というか。わざわざサイン会にまで来てAV女優だった私を自分より下の人間として罵倒する男性もそうだし、私が通っていた底辺女子校の子たちも、AV女優もそう。そして真鍋さんは、私以上にクズい人間が大好きですよね？

真鍋　そうですね。葛藤があるものがすごく好きだし、そういうものをしっかり描こうと思ってますね。

なぜ私たちは「クズい人間」に惹かれてしまうのか？

峰　『闇金ウシジマくん』もそうですし、現在連載中の『九条の大罪』でも、クズがたくさん出てきますよね。主人公も弁護士という世間的にはステータスのある職に就いていながらも、バツイチで、ビルの屋上でテント生活をしている……というなかなか「クズみ」のあるキャラクターです。そして彼の周りの人物も半グレやヤクザ、前科モチとなかなか濃いですが、彼らの細かな描写がすっごく好きなんです！　「クズ描写の大先輩」として、本当に尊敬しています！

真鍋　ウシジマくんは闇金業者、つまり違法な存在なので、それ自体に嫌悪感を抱く人も多かった。でも今回は弁護士が主人公なので、より多くの人に観てもらえて、なんなら「月9のドラマも狙えるかな」とも思っていたんですが、描き始めたらとても月9で放送できるような内容にはならなくて……（苦笑）。

峰　私も『AV女優ちゃん』を月9にしてほしいって思ってるんですけどね（笑）。あの、ずっと聞きたかったんですけど、真鍋さんのその「クズい人間」への愛情って、どこから来てるんですか？

真鍋　自分を見ているような感じですかね。（即答で）

峰　えー！　真鍋さんは全然クズじゃないじゃないですか！

真鍋　いやいや。以前、取材ということもあってコロナ禍なのに外に飲みに出かけて、家族からヒンシュクをかって家を追い出されたこともありますし、家事や育児はほとんどできていないし……。

峰　10年前、真鍋さんと取材終わりに飲みに行ったとき、私は口説かれたりすんのかなと思ってたんですが、奥さんとお子さんの写真を私に見せながら「かわいいでしょう、えへへ」って言っていたのを覚えています。そのときは、「なんていい男だ！」と思いました（笑）。

真鍋　え、そんなこと言いましたっけ。

峰　私が最近耳にしたクズエピソードは「今日こそ女子大生とセックスできるかもしれない！」と期待した既婚者の中年男が、居酒屋のトイレでチンコをおしぼりで拭いてきた……っていう話ですから。そんな「リアルクズ」と比べたら、真鍋さんが自分のことをクズ呼ばわりするなんて、クズい人間に失礼ですよ！

真鍋　確かにそう言われたら……（笑）。

NAYUKA MINE

峰　私は底辺女子校時代、どうしてもキティちゃんサンダルが履けなくて、コンビニのレジ袋をバッグ代わりに使うこともできなかったんですよ。それだけは美意識としてダメでした。自分がクズになりきれない、一抹のもどかしさを感じてました。

真鍋　以前、取材で生活保護受給者の自宅へ行ったことがあるんですけど、その人、鼻炎がひどくて、部屋には布製のマスクがズラッと干してあったんです。でも普段寝ているベッドの周りを見たら、1cmくらいホコリが溜まってるんですよ。それを見て「ひょっとして鼻炎って、このホコリが原因じゃないの!?」と思ったことがあって。いろいろツッコミどころを感じながらも、そういう感じの人って、つい惹かれてしまいますね。世間的な基準で言えば「まず掃除しなよ！」って話なんだけど、彼らは彼らで自分なりのルールに従って真剣に生きているし、それを単純に嗤ったり、クズ扱いしたり、それこそ生活保護受給者に対してよく使われる「自己責任」という言葉で断罪してしまうのは違うんじゃないかなと思うんです。

峰　今思い返すと、私がいたころのAV業界も、女優も男優も変な人が多かったですね。でも好きなんですよね。その理由を考えたら、私の場合は、昔からの憧れが大きいかもしれませんね。私の地元では、不良的なクズがヒエラルキーのトップに君臨していたので、いまだにその価値観を引きずっているのかもしれない。もちろんそんなのあくまでも田舎のごくごく一部の話なんですけど。そんな価値観、東京に来たら意味がないものだとわかっていても、「ボス猿になりたい」という憧れが大人になっても抜けきれないんです。

真鍋　クズもいろいろで、ギャンブルに依存して堕ちていくような「自己完結型のクズ」と、不良や輩（やから）の道を極めてノシ上がっていく「出世型のクズ」にわかれると思うんです。堕ちていく人を見ると、「ひょっとしたら自分もそうなってしまっていたかもしれない」と思うし、出世型のクズを見るとアウトロー的なヤバさを感じると同時に、峰さんのいうような憧れを持つ人も結構いますよね。

「自分は絶対クズにならない」と言い切れてしまう人の傲慢さ

峰　私も真鍋さんも、真性のクズかは疑問ですが（笑）、自分を「絶対にクズじゃない」と頑なに信じている人たちの傲慢さもあると思うんです。私はこれまで一般の人に「なんでAVに〝出ちゃった〟んですか?」って聞かれたことが何度もあるんです。そういう経験をすると、なんだか「クズのほうが好き!」って思っちゃうんです。

真鍋　世間的には「良し」とされていることの中にも、おかしなことはあるし、逆に世間で「おかしい」とされていることの中にも、正しさがあったりしますよね。

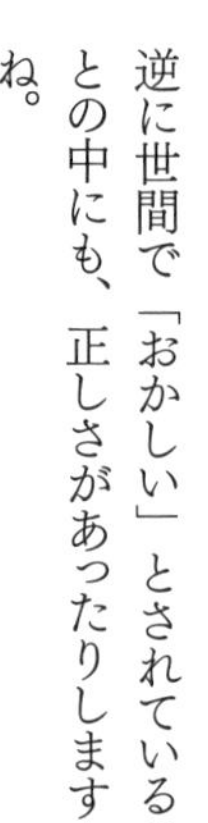

田舎のコミュニティには「クズい」ほどヒエラルキーの上位という構図もある（1巻より）

峰　これは表現の話になりますが、クズい人間がクズい言動をしていることを漫画で表現していても、必ずしも描いている私たちが「それを正しい」と思っているわけではないじゃないですか。でも私の場合、「その描写自体に不快感を抱く人がいるかもしれない」「そこまで読者が読み取ってくれるかわからない」という理由で編集部からストップがかかることもあって……。真鍋さんの漫画も、NGを食らったり炎上したりすることはありますか?

真鍋　作品が炎上するかどうかは、長年の経験からある程度、予測できる部分もありますが、それでも思いもよらないところで炎上する場合もあるし、自分の考えるモラルと世間のモラルがズレている場合もあるから、難しいですよね。実は今、自殺をテーマにした新シリーズを進めているんですけど、さすがにこれは自分でも際どいラインだと思っています。

生きるとか死ぬとか世間体とかモラルとか

峰　こう言うと不謹慎かもしれませんが、どんな話になるのかとても興味があります。

真鍋　少し前、実際に自死をした方が住んでいた部屋に取材に行ったんです。遺された物や写真を見て、「なんでこの人は死んでしまったんだろう」と考えて、いわば他人の生き死にの「狭間」に近づこうとしたんですよね。すると今度は、自分が「死にたい」と思ってしまったんですよ。深夜、絶叫しそうになるほど不安になったり、寒い日なのにカラダが熱くなって、汗がダラダラ流れてきたり……。幸い周りのスタッフや担当の編集者に話を聞いてもらって、なんとか持ち直したんですが、あれは本当にヤバかった。そのときも10年前に初めてお会いしたときの峰さんのことが頭によぎりましたね。

峰　私、物心ついたときから、ずーっと死にたかったんですよ。子どものころ、小学校1年生の子がいじめで飛び降り自殺をしたというニュースを聞いたとき、「え、私と同じくらいの歳の子でも自殺ってできるんだ!」と思いましたね。でも田舎なんでそんな高い建物もないし、私はまだ子どもで判断能力もないだろうから、もう少し様子を見よう見ようとしているうちに気づいたら大人になっていて。アラサーになってからも1日の半分ぐらい死ぬことを考えていた時期もあります。

真鍋　でも今、元気にされているということは、パートナーの方の存在が大きいんですか?

峰　今の夫とつきあっていた時期も、死ぬためにアマゾンで練炭を注文したこともありました。ちょうど当時、住んでいたのがデザイナーズマンションで、お風呂と部屋の間にガラスの仕切りがあるだけで密閉ができない構造だったので、あきらめましたね。

真鍋　その部屋に住んでいてよかった……。もし違う場所にいたら、ひょっとしたら今ここにいないかもしれない。

峰　昔は、「自殺願望がある自分は、子どもを作ってはいけない」と考えていたんです。だって、もし親の私が突然いなくなっちゃったら、子どもちゃんは悲しいじゃないですか。でもある日、「死のうかどうしようか考えてる時間ってムダだな」ってバチッと目覚めて、同時に「よし、子ども作るぞ!」と思ったんですよね。

真鍋　宗教によっては、自殺は禁じられていますよね。でも今の日本は、そういう宗教観もあいまいだから自殺も多い、という話も聞いたことがあります。良い／悪いの判断基準は、あくまでも世間体。世間体は大事にしている一方で、倫理観がおろそかにされている。そんな今の日本の状況で、真正面から自殺をテーマに扱うことは怖さもあります。今からどんな反応が来るか、覚悟していますね。

「ブスと美女の中間」を描ける作家は少ない

真鍋　読者の反応という話だと、最近は女性を蔑視するような内容は、たとえキャラクターのセリフでもアウトですよね。そのあたりもここ10年くらいは特に考えています。どこまでできているのかはわからないんですが……。

峰　でも私、そもそも真鍋さんは、女性蔑視的なことは描かない人だと思うんですよ。真鍋さんの作品には、美人でもなければブスでもない女性がたくさん出てくるじゃないですか。私、そういう女性を描ける作家さんって、めちゃめちゃ信頼しているんです。そして「ブスと美女の中間」を描ける作家さんって、ものすごく少ないんです。

真鍋　うわあ、褒められてる!

峰　どんなにポリコレを意識していても、心で女性蔑視なことを考えている人の描く女性って、たいてい超美女かドブス、どっちかなんですよね。彼らにとって、ブスでも美人でもない中間の女って性欲の対象にもならなければ、イジることもできない、いわば何の役割もない存在なんでしょうね。世の中には、中間の女のほうが圧倒的に多いのに。あと真鍋さんは、10年前に取材の後、飲みに行ったとき、私に〆のラーメンをおごらせてくれましたよね。一軒目の高いバーは真鍋さんが出してくれたので、「ラーメン、私がおごりますよ」と言ったら、すんなり受け入れてくれて。

真鍋　ああ、家が同じ方向だったから、帰りがけにラーメン食べましたね。

峰　これ、悪い意味で「男らしさ」がある人だったら、たぶんあのとき私にラーメン代を払わせてくれなかっただろうな～って思いました。

真鍋　実は昔、漫画家の山本英夫さんと飲みに行ったときに同じようなことがあったんです。そのころ、山本さんは『殺し屋1』が大ヒットしている売れっ子作家で、かたや俺はまだまだ駆け出しの分際。なのに一緒に飲みに行ったときに、山本さんが「割り勘にしよう」と言ってくれて、それがすごくうれしかったんですよ。一人前として認めてもらえてる感じがして。だからそのときも、僕は山本さんの真似をしただけなんです。

峰　え～！　そうだったんですね。でも私のラーメンと真鍋さんが払ってくれた高いバーは、値段が全然違うから割り勘にはならないですけどね（笑）

細かなエピソードで キャラの説得力が増す

真鍋　峰さんは、いつごろから漫画を描いていたんですか？

峰　小学校のころからですね。『りぼん』の漫画賞に応募していました。

真鍋　小学校のころから！　それはどんな内容だったんですか？

峰　たしか『コボちゃん』みたいなほのぼの系の内容でしたね。でもそのころから登場人物は「妹ちゃん」とか「先生ちゃん」「ハンサム君」みたいな名前にしていました。というのも私、自分が本や漫画を読むときに登場人物の名前を覚えられないんです。そういう意味では、小学校のころから描いているものが変わってないのかも。

真鍋　すごいなあ。自分はクラスメイトがロボットに乗って戦う、みたいな漫画を描いていましたが、最後まで描ききれなかったですね。

峰　そうなんですね。中学生のころには、ストーリー漫画を描いて賞に応募していたんですよ。それまでも毎回、なんらかの賞をもらって、微々たる額ですが賞金ももらっていました。

真鍋　峰さんの漫画って、めちゃくちゃエピソードが細かいじゃないですか。『ＡＶ女優ちゃん』でいえば、ＡＶ撮影の現場やイベントの様子、女優仲間のセリフとか、鮮明ですよね。あれはすべて、自分の記憶をもとにして描いているんですか？　それとも日記に記録していたのか、ずっと気になっていました。

峰　ＡＶ女優時代のエピソードは完全に記憶をもとにして描いていますね。だから、記憶が曖昧な現場の音声さんの機材とかカメラの描写とかは、超適当なんですよ（笑）。でも当時出会ったＡＶ女優の子が言っていた印象的なセリフとか、その子たちの部屋のインテリアとか、そういう細かいところはよく覚えているんです。だってＡＶに出て月に１０００万くらい稼いでいる子が、家賃30万のマンションに住んでいるのに、なぜかドンキで１０００円くらいで売ってる折りたたみ式のちゃぶ台を使ってるんですよ。そういうアンバランスなところは、当時から興味を持っていたから、覚えているんだと思います。

真鍋　第2巻では、ＡＶ女優の子たちがブーツや靴下の中に現金を入れて飲み会に来る話もよかったですね。実際そういう方がいたんですか？

峰　そうです、そうです。

真鍋　似たような話だと、これは、僕がパパ活女子から取材で聞いた話なんですが、チョコレート菓子の「アルフォート」の箱ってちょうど100万円がピッタリ入るらしいんですよ。彼女たちも男に盗られないようにその箱に入れて隠している、とか。

峰　そういう細かいエピソード、最高に興奮しますよね！

真鍋　中学時代の話も記憶で？　ドブって呼ばれていた話とか、痴漢された話とか、思い出すのつらくなかったですか？

峰　あまりキツくなかったんですね。それまで自分の人生に関心なく生きてきたので。イジメも、友達にイジメとイジリの間みたいなことをされるのが一番つらいけど、もともと友達がいない人がイジメられても特に失うものってないじゃないですか。

真鍋　なるほど。峰さんの漫画って、直接は描いていないけれど、細かいリアルなエピソードを積み重ねて、その人の裏側まで考えて描いているのがものすごく伝わりますね。だからこそ、キャラクターひとりひとりに説得力がある。

峰　え〜、うれしいです。

真鍋　今後もなにか描きたいテーマはありますか？

峰　実は今、育児漫画を描いているんですよ。うちの場合は、夫がメインで育児をしているので、これまでの育児漫画とは違う切り口で描けるんじゃないかなと思っています。ただ、育児漫画って、とにかく炎上しやすいんですよね。「子育てが大変だ〜」と描いても叩かれるし、「そんなに大変じゃないよ〜」と描いても叩かれる。過保護でも叩かれるし、放任主義でも叩かれる……。

真鍋　ひとりひとり環境も育て方も違うから、おもしろい半面、叩かれやすいのかもしれませんね。

峰　基本的に炎上はイヤだけど、私も真鍋さんに続いて、「月9」でのドラマ化を狙えるような漫画を描いていきたいと思います！

ようやくできたAV女優友達は、盗まれないように靴にお金を入れているという治安の悪さ！

AV 女優ちゃん 2

2021年6月30日　初版第1刷発行

著　　者　峰 なゆか
発 行 者　久保田榮一
発 行 所　株式会社 扶桑社
〒105-8070　東京都港区芝浦1-1-1
電話　03-6368-8875（編集）
03-6368-8891（郵便室）
http://www.fusosha.co.jp/

装　　丁　濱中幸子（濱中プロダクション）
印刷・製本　大日本印刷株式会社

ISBN 978-4-594-08876-7

初出
『週刊SPA!』2020年9月1日号～2021年4月13日号

この作品は、著者がAV女優として活動していた2000年代のAV業界を描いた、半自伝的フィクションです。